DUDEN

Sorgenfresser

Deutsch 3. Klasse

Deutschsorgen?

Her damit!

Dudenverlag
Berlin

Die **Duden-Sprachberatung** beantwortet Ihre Fragen
zu Rechtschreibung, Zeichensetzung, Grammatik u. Ä.
montags bis freitags zwischen 09:00 und 17:00 Uhr.
Aus Deutschland: **09001 870098** (1,99 € pro Minute aus dem Festnetz)
Aus Österreich: **0900 844144** (1,80 € pro Minute aus dem Festnetz)
Aus der Schweiz: **0900 383360** (3,13 CHF pro Minute aus dem Festnetz)
Die Tarife für Anrufe aus den Mobilfunknetzen können davon abweichen.
Den kostenlosen Newsletter der Duden-Sprachberatung können Sie
unter www.duden.de/newsletter abonnieren.

Quellenverzeichnis:
Seite 22: Bibliographisches Institut, Berlin
Seite 71: © cynoclub – Fotolia.com (Bernhardiner); © artSILENSEcom – Fotolia.com (Afghane)
Seite 72: shutterstock.com/Bevan Goldswin (Mann); © cristovao31 – Fotolia.com (Mädchen)
Seite 86: © Kevin Browne – Fotolia.com (Hai); © Robert Hosker – Fotolia.com (Kolibri);
© NiDerLander – Fotolia.com (Fisch); MEV Verlag, Augsburg (Küken)
Seite 91: shutterstock.com/Kirsanov
Seite 94: © Gennadiy Pozyakov – Fotolia.com

Bibliografische Information der Deutschen Nationalbibliothek
Die Deutsche Nationalbibliothek verzeichnet diese Publikation in der Deutschen Nationalbiografie;
detaillierte bibliografische Daten sind im Internet über http://dnb.d-nb.de abrufbar.

D C B A
Bibliographisches Institut GmbH, Mecklenburgische Straße 53, 14197 Berlin

Redaktionelle Leitung Anika Donner
Redaktion Barbara Holzwarth
Herstellung Ursula Fürst
Layout und Satz tiff.any GmbH, Berlin
Umschlaggestaltung Helle Freude GmbH & Co. KG, Berlin
Druck und Bindung MOHN Media Mohndruck GmbH
Carl-Bertelsmann-Straße 161 M, 33311 Gütersloh
Printed in Germany

ISBN 978-3-411-76171-5
www.duden.de

Jetzt gehts los!

In diesem Buch findest du die wichtigsten Inhalte des Deutschunterrichts in der 3. Klasse. Es ist in vier große Kapitel aufgeteilt. Du erkennst sie an den kleinen Bildern in der Kopfzeile:

Sprache untersuchen

Richtig schreiben

Texte schreiben

Lesen

Wenn du alle Übungsaufgaben einer Doppelseite gelöst hast, kannst du sie mit dem **Lösungsteil** ganz hinten im Heft überprüfen. Wichtige **Fachbegriffe** kannst du auf Seite 110 nachschlagen.
Manche Aufgaben löst du am besten auf einem extra Blatt Papier oder in einem Übungsheft.

Inhaltsverzeichnis

Sprache untersuchen

Die Wortarten

Nomen erkennen ____ 8
Einzahl und Mehrzahl ____ 9
Die Wortbausteine **heit**, **keit**, **nis**, **ung** ____ 10
Zusammengesetzte Nomen ____ 11
Pronomen: **ich**, **du**, **er**, **sie**, **es** ... ____ 12
Pronomen: **mein**, **sein**, **ihr** ... ____ 13
Die vier Fälle des Nomens ____ 14
Bist du fit? ____ 15

Adjektive erkennen ____ 16
Mit Adjektiven vergleichen ____ 17
Die Wortbausteine **ig**, **lich**, **isch** ____ 19
Adjektive ableiten ____ 20
Verben erkennen ____ 21
Zeitformen des Verbs ____ 22
Zeitstufen des Verbs ____ 23
Den Wortstamm erkennen ____ 24
Der Wortstamm verändert sich ____ 25
Verben mit vorangestellten Wortbausteinen ____ 26
Bist du fit? ____ 27

Der Satz

Satzarten und Satzzeichen ____ 28
Die wörtliche Rede ____ 29
Das Subjekt ____ 30
Das Prädikat ____ 31
Satzergänzungen ____ 32
Bist du fit? ____ 33

Inhaltsverzeichnis

Richtig schreiben

Groß- und Kleinschreibung

Nomen erkennen ____ 34
Die Wortbausteine **nis**, **in** ____ 35
Satzanfänge und Anredepronomen ____ 36
Bist du fit? ____ 37

Schwierige Laute

b, **d**, **g** im Auslaut ____ 38
Verben verlängern: **b/p**, **d/t**, **g/k** ____ 39
Wörter untersuchen: **b/p**, **d/t**, **g/k** ____ 40
Das Fugen-**s** ____ 41
Die Buchstabenverbindung **chs** ____ 42
Bist du fit? ____ 43

Lange und kurze Vokale

Lange und kurze Vokale unterscheiden ____ 44
Konsonantenhäufung ____ 45
tz und **ck** ____ 46
Das Dehnungs-**h** ____ 47
Das silbentrennende **h** ____ 48
Bist du fit? ____ 49

Wortbausteine

Wortstamm und Wortfamilie ____ 50
Vorangestellte Wortbausteine **ab**, **aus**, **weg** ____ 51
Nachgestellte Wortbausteine **ig**, **lich**, **isch** ____ 52
Bist du fit? ____ 53

Nachschlagen

Nach Anfangsbuchstaben ordnen ____ 54
Zusammengesetzte Wörter zerlegen ____ 55
Den Haupteintrag finden ____ 56
Bist du fit? ____ 57

Inhaltsverzeichnis

Texte schreiben

Erzählungen

Zu Bildern erzählen 58
In der richtigen Reihenfolge erzählen 59
Treffende Verben verwenden 60
Stimmungen ausdrücken 61
Erzählschritte planen 62
Einleitung und Schluss ergänzen 63
Eine Fantasiegeschichte planen 64
Den roten Faden finden 65
Treffende Wörter verwenden 66
Wortfelder zusammenstellen 67
Sätze überarbeiten 68
Bist du fit? 69

Sachtexte

Informationen sammeln 70
Ein Tier beschreiben 71
Eine Person beschreiben 72
Merkmale benennen 73
Eine Backanleitung schreiben 74
Ein Rezept vervollständigen 75
Treffende Wörter auswählen 76
Bist du fit? 77

Briefe

Eine Einladung schreiben 78
Eine Nachricht schreiben 79
Die Reihenfolge beachten 80
Bist du fit? 81

Inhaltsverzeichnis

Lesen

Bilder und Zeichen lesen

Piktogramme verstehen 82
Tabellen lesen 83
Anleitungen verstehen 84
Bist du fit? 85

Genau lesen

Bild und Text zuordnen 86
Den passenden Satz ankreuzen 87
Sätze ordnen 88
Bist du fit? 89

Informationen entnehmen

Schlüsselwörter unterstreichen 90
Fragen formulieren 91
Passende Begriffe einsetzen 92
Eine Zeichnung vervollständigen 93
Text und Bild vergleichen 94
Die richtige Antwort auswählen 95
Textabschnitte ordnen 96
Bist du fit? 97

Texte verstehen

Fragen beantworten 98
Stichwörter herausschreiben 99
Eine eigene Meinung bilden 100
Die eigene Meinung begründen 101
Verhalten verstehen 102
Bist du fit? 103

Abschlusstest 104

Fachbegriffe 110

Lösungen 111

Nomen erkennen

Wissen und Verstehen

Nomen (Namenwörter oder Substantive) bezeichnen Lebewesen und Gegenstände, Gefühle, Gedanken und Zustände.

das Kind der Bär die Blume
die Freude der Mut die Zukunft

Nomen können mit dem bestimmten oder unbestimmten Artikel (Begleiter) verbunden werden. Sie kommen in der Einzahl (Singular) und in der Mehrzahl (Plural) vor.

der Ball **ein** Ball **viele** Bälle

1 **Setze die passenden Nomen mit dem bestimmten oder unbestimmten Artikel ein. Unterstreiche alle Nomen, die Gefühle, Gedanken oder Zustände beschreiben.**

das Paket | die Aufregung | der Hund | die Angst | die Idee
der Streit | der Kaktus | der Mut | der Schreck

Saggo bekommt ... ein Paket ....

.... gehört Saggo.

Ed und Saggo haben .... gute ....

.... mit Ed macht Saggo traurig.

Saggo bewundert .... seines Freundes.

.... saß Saggo im Nacken.

Ed gießt ....

Ed bekommt ....

.... der beiden war riesengroß.

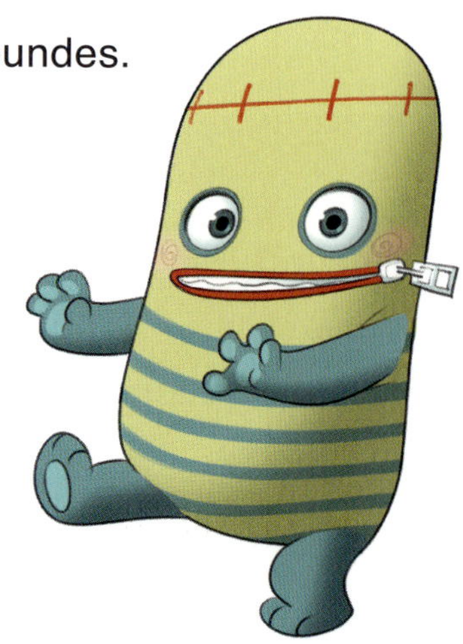

2 **Markiere alle Nomen. Überprüfe mit der Artikelprobe.**

ALARM

AMSELN SINGEN BESONDERS GERNE. AM ABEND SITZEN SIE OFT AUF HOHEN BÄUMEN ODER AUF DÄCHERN UND ZWITSCHERN DIE SCHÖNSTEN LIEDER. ABER WEHE, WENN SIE JUNGE HABEN. DANN GEHT DER LÄRM LOS. DIE AUFGEREGTEN AMSELELTERN VERTEIDIGEN GEMEINSAM IHRE BRUT GEGEN ALLE FEINDE. WENN DIE JUNGEN FLÜGGE SIND, VERLASSEN AUCH DIE ELTERN DAS NEST UND ES KEHRT WIEDER RUHE EIN.

3 **Ergänze die Mehrzahl. Was fällt dir auf?**

der Baum – die Bäume

die Freundin – ……

die Amsel – ……

die Ruhe – ……

der Zucker – ……

der Tisch – ……

das Obst – ……

der Lärm – ……

das Glück – ……

das Nest – ……

das Lied – ……

der Mut – ……

Mir fällt auf, dass ……

……

Extrarunde

Nomen-Rätsel

Es gibt Nomen, die nur in der Einzahl vorkommen: das Obst, der Lärm.
Kennst du auch Nomen, die nur in der Mehrzahl vorkommen?

Die Wortbausteine **heit**, **keit**, **nis**, **ung**

Wissen und Verstehen

An den Wortbausteinen **heit**, **keit**, **nis**, **ung** kannst du Nomen erkennen.
Du kannst Nomen aus Verben oder Adjektiven bilden.

schön	– **die** Schön**heit**	fröhlich	– **die** Fröhlich**keit**
geheim	– **das** Geheim**nis**	heizen	– **die** Heiz**ung**

1 Bilde Nomen mit den Wortbausteinen **heit**, **keit**, **nis**, **ung**. Trage sie mit Artikel ein.

erinnern · traurig · rechnen · berühmt · heizen · wahr · wagen · erleben

bitter · dankbar · sauber · krank · geheim · dumm · finster · wohnen

heit

keit

die	Traurig	keit

nis

ung

Wissen und Verstehen

Zusammengesetzte Nomen bestehen aus einem Grundwort und einem Bestimmungswort. Das erste Wort, das Bestimmungswort, beschreibt das Grundwort näher.

die Schule   die Tasche ⟶ die Schultasche

Das Bestimmungswort kann ein Nomen, ein Adjektiv oder ein Verb sein.

die Handtasche   der Buntstift   das Fahrrad

1 **Bilde zusammengesetzte Nomen und schreibe sie auf.**

die Nudel | der Auflauf | die Suppe | das Gericht | das Sieb | fahren | der Stil

die Karte | der Gast | die Bahn | hoch | das Haus | der Sprung | das Wasser

der Nudelauflauf ....

....

....

....

....

....

2 **Welche Wortarten stecken in den zusammengesetzten Nomen?**
Trage ein: Nomen mit N, Verben mit V und Adjektive mit A.

die Gießkanne	– V + N	der Luftballon	– ....
das Schnellboot	–	die Taucherbrille	– ....
die Waschmaschine	–	der Buntspecht	– ....
die Festplatte	–	der Teppichboden	– ....

Pronomen: ich, du, er, sie, es ...

Wissen und Verstehen

Ich, **du**, **er**, **sie**, **es**, **wir**, **ihr**, **sie** sind Wörter, die für ein Nomen eingesetzt werden können. Sie heißen Pronomen (Fürwörter).

Opa schläft. **Er** schnarcht laut.
Laura und ich tuscheln. **Wir** haben uns viel zu erzählen.
Die Spannung war groß. **Sie** wuchs von Minute zu Minute.

1 Welches Pronomen passt? Verbinde die Sätze.

Du sprichst von dir selbst.	**Sie** fängt gerade eine Fliege.
Du bittest deinen Nachbar um einen Stift.	**Wir** sind ein tolles Team.
Du bewunderst Flamm.	Wisst **ihr**, wo es langgeht?
Du beobachtest eine Spinne.	**Ich** bin stark.
Du tröstest das Baby.	Kannst **du** mir einen Stift leihen?
Du bist stolz auf dich und deine Freundin.	**Sie** sind lästig.
Du fragst zwei Jungen nach dem Weg.	**Er** hat eine neue Frisur.
Du ärgerst dich über die Mücken.	**Es** schreit lauthals.

2 Setze die passenden Pronomen ein.

Flamm und Frula sitzen vor dem Fernseher. .... sehen sich ein Fußballspiel an. Flamm ist aufgeregt. .... kann nicht still sitzen. Frula ist cool. .... macht ständig kluge Bemerkungen. Plötzlich ein Foul! .... war völlig unnötig! Beim Elfmeter schließlich wird auch Frula nervös. .... hält sich die Augen zu. Hält der Torwart? .... hat gehalten. Die Sorgenfresser springen auf. .... tanzen einen Freudentanz.

Wissen und Verstehen

Es gibt auch Pronomen, die anzeigen, wem etwas gehört. Sie stehen oft vor einem Nomen.

mein Buch	**deine** Schwester	**sein** Auto	**ihre** Tasche
unser Freund	**euer** Garten	**ihre** Kleider	

1 Schreibe auf, wem was gehört.

Das ist ..ihr................ Fußball.

Das ist .... Schläger.

Das ist .... Eimer.

Das ist .... Pinsel.

Das ist .... Tischtennisball.

Das ist .... Tor.

Das ist .... Malerhut.

Das ist .... Angel.

Das sind .... Schuhe.

Das ist .... Boot.

Das ist .... Staffelei.

Das ist .... Tischtennisplatte.

Die vier Fälle des Nomens

Wissen und Verstehen

Nomen können ihre Form verändern, je nachdem, wie du sie im Satz benutzt. Sie kommen in vier verschiedenen Fällen vor. Nach den vier Fällen fragst du so:

1. Fall: **Der Hund** bellt. — Frage: Wer?
2. Fall: Der Futternapf **des Hundes** ist leer. — Frage: Wessen?
3. Fall: Ich gebe **dem Hund** einen Stock. — Frage: Wem?
4. Fall: Ich mag **den Hund**. — Frage: Wen?

1 Wie heißt das Tier? Setze den Tiernamen mit Artikel ein.

Obwohl .... das größte Landtier ist, ist er ein Leisetreter. Die Ohren und Stoßzähne .... afrikanischen .... sind größer als die des indischen. .... kann man beibringen, schwere Lasten zu heben. Man nennt .... auch Dickhäuter, obwohl seine Haut sehr empfindlich ist. Es ist ein ....

2 Beantworte die Fragen.

Wer ist das größte Landtier? _ _ _ _ _ _ _ _ _ _ _

Wessen Ohren sind groß? die Ohren _ _ _ _ _ _ _ _ _ _ _ _ _

Wem kann man etwas beibringen? _ _ _ _ _ _ _ _ _ _ _ _ _

Wen nennt man Dickhäuter? _ _ _ _ _ _ _ _ _ _ _ _

Extrarunde

4-Fälle-Rätsel

Denke dir selbst ein 4-Fälle-Rätsel aus.

Kannst du die Merkmale von Nomen erkennen?

die Katze · Freude · ein Buch · Kinder

ein Geheimnis · mein Zeugnis · viele Leute

Gesundheit · sein Zimmer · die Überraschung

die Stühle · mein Freund · Fröhlichkeit

ihre Hefte · die Aufregung · die Bienen

ein Fest · ihr Glück · das Mehl · das Obst

Überlege:

- Kann ich mit dem Wort ein Lebewesen oder einen Gegenstand bezeichnen? (1)
- Kann ich mit dem Wort ein Gefühl bezeichnen? (2)
- Kann ich das Wort mit einem bestimmten oder unbestimmten Artikel verbinden? (3)
- Gibt es das Wort in der Einzahl und in der Mehrzahl? (4)
- Endet das Wort mit dem Wortbaustein **heit**, **keit**, **nis** oder **ung**? (5)
- Kann ich **mein**, **sein**, **ihr** mit dem Wort verbinden? (6)

Untersuche jedes einzelne Nomen auf der Trainingskarte. Wähle bei jedem Wort nur ein passendes Merkmal aus und trage die Nummer ein.

Adjektive erkennen

Wissen und Verstehen

Mit Adjektiven (Wiewörtern) kannst du genau beschreiben, wie etwas aussieht, sein kann oder wie man etwas tut.

Mein **großer** Bruder gibt an. Das Buch ist **spannend**. Sie rennt **schnell**.

1 **Male den Kopf so genau wie möglich.**

Gesichtsform: rund
Augen: schmal und blau
Augenbrauen: buschig
Haare: rot und lockig
Nase: lang und breit
Hautfarbe: rosig
Ohren: klein und abstehend
Hals: lang und dünn

2 **Nomen und Verben kannst du mit Adjektiven genauer beschreiben. Welche Adjektive passen zu dem Nomen Schuhe? Welche passen zu dem Verb singen? Male in unterschiedlichen Farben an.**

Die Schuhe sind …

Ed singt …

schrill rein schnell falsch neu
schmal
schmutzig groß
Schuhe alt singen
hoch eng
tief
leise sauber laut
spitz weit

Wissen und Verstehen

Mit Adjektiven kannst du Lebewesen, Dinge und Tätigkeiten miteinander vergleichen. Es gibt drei Vergleichsstufen: die Grundstufe, die 1. Vergleichsstufe und die 2. Vergleichsstufe.

Lisa rennt **so schnell** wie Jan. Sie rennt **schneller** als Tim.
Maxi rennt **am schnellsten**.

1 **Vergleiche die Tiere und Dinge miteinander. Streiche die falschen Aussagen durch.**

	ist so lang wie	
Die Blindschleiche	ist länger als	der Regenwurm.
	ist kürzer als	
	ist stärker als	
Ein Sturm	ist schwächer als	ein Windhauch.
	ist so stark wie	
	ist höher als	
Der Kirchturm	ist niedriger als	das Hochhaus.
	ist so hoch wie	
	ist weicher als	
Holz	ist so hart wie	Stein.
	ist härter als	
	ist so schnell wie	
Der Gepard	ist schneller als	der Löwe.
	ist langsamer als	
	ist dünner als	
Die Zeitung	ist so dünn wie	das Buch.
	ist dicker als	

Ich bin .... als ....

Mit Adjektiven vergleichen

2 Ergänze die Tabelle.

Grundstufe	1. Vergleichsstufe	2. Vergleichsstufe
		am frechsten
	süßer	
schön		
	dünner	
groß		
		am liebsten
		am besten
viel		

3 Beantworte die Fragen und kreuze die richtige Antwort an.

Wer ist am langsamsten?	☐ die Schnecke	☐ die Spinne	☐ die Ameise
Was ist am weichsten?	☐ die Birne	☐ die Banane	☐ die Ananas
Was ist am lautesten?	☐ der Bach	☐ der Fluss	☐ der Wasserfall
Was ist am schnellsten?	☐ der Zug	☐ die Rakete	☐ das Flugzeug
Wer ist am kleinsten?	☐ der Adler	☐ die Möwe	☐ die Amsel
Was ist am breitesten?	☐ die Autobahn	☐ der Weg	☐ die Straße

Extrarunde

Für schlaue Köpfe

Weißt du das? Was ist schwerer: ein Kilo Eisen oder ein Kilo Federn?

Wissen und Verstehen

An den nachgestellten Wortbausteinen **ig**, **lich**, **isch** kannst du Adjektive erkennen.

sand**ig** pünkt**lich** neid**isch**

Adjektive können von Nomen oder Verben abgeleitet werden.

der Sand – sand**ig** lesen – leser**lich** der Neid – neid**isch**

1 **Verbinde jedes Nomen mit dem verwandten Adjektiv. Kreise die nachgestellten Wortbausteine ein und kennzeichne die Anfangsbuchstaben.**

der Hunger	glücklich
der Sturm	gelenkig
der Punkt	menschlich
der Grund	eisig
das Gelenk	hungrig
das Glück	pünktlich
der Fels	stürmisch
das Quadrat	magnetisch
der Mensch	gründlich
das Eis	täglich
der Tag	felsig
der Magnet	quadratisch

Extrarunde

Länder-Rätsel

Adjektive, die von Ländernamen abgeleitet werden, enden oft mit dem gleichen Wortbaustein: Türkei – türk... Kennst du noch mehr Beispiele?

Adjektive ableiten

2 Welche Verben sind mit diesen Adjektiven verwandt? Trage sie ein.

leserlich	kommt von	lesen
kuschelig	kommt von	....
erfinderisch	kommt von	....
ärgerlich	kommt von	....
spielerisch	kommt von	....
weinerlich	kommt von	....
klapprig	kommt von	....
malerisch	kommt von	....
wohnlich	kommt von	....
kämpferisch	kommt von	....
zappelig	kommt von	....
rutschig	kommt von	....
lächerlich	kommt von	....

3 Untersuche jedes Adjektiv. Wenn es mit einem Nomen verwandt ist, trage **N** ein, bei einem Verb **V**.

einäugig N	fleckig ◯	sterblich ◯	beweglich ◯
väterlich ◯	zerbrechlich ◯	klebrig ◯	kindisch ◯
salzig ◯	vergesslich ◯	kratzig ◯	neidisch ◯

Wissen und Verstehen

Mit Verben (Tunwörtern, Tuwörtern) kannst du ausdrücken, wer etwas tut und was geschieht.

ich spiele   du schläfst   es regnet

Jedes Verb hat eine Grundform und verschiedene Personalformen.

spielen   ich spiele   er spielt   sie spielen

1 **Suche zu jeder Grundform die passenden Personalformen. Markiere sie in der gleichen Farbe.**

sie singt	**spielen**	er schreibt	**ihr spielt**
es klingelt	es regnet	**donnern**	**gehen**
wir gehen	sie geht	ich schreibe	**singen**
ihr singt	du klingelst	du gehst	ihr schreibt
wir spielen	**regnen**	**du spielst**	ich singe
klingeln	es donnert	**schreiben**	er klingelt

2 **Setze die passende Personalform ein.**

Aylin .... (kommen) heute in die neue Klasse. Sie .... (kennen) noch niemanden. Die Kinder .... (gucken) neugierig. Sie .... (begrüßen) ihre neue Mitschülerin mit ihrem Klassenrap. Ich .... (zeigen) Aylin ihren Platz. Dort .... (liegen) schon ihre Schulbücher. In der Pause .... (rufen) alle durcheinander: „............................ (spielen) du mit?“

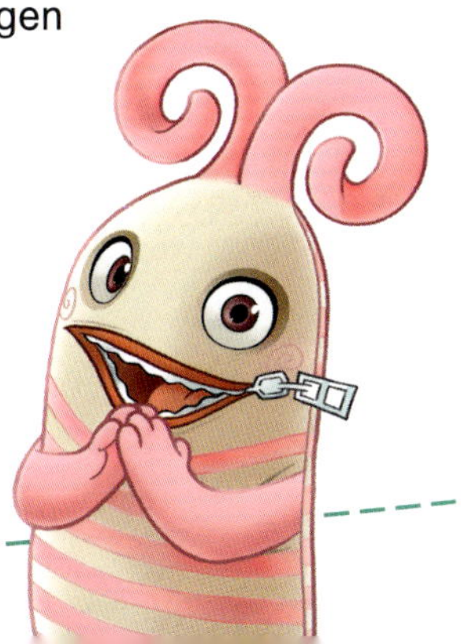

Wissen und Verstehen

An der Form des Verbs kannst du erkennen, in welcher Zeitstufe erzählt wird: in der Vergangenheit, Gegenwart oder Zukunft.

Gestern turnte ich. Ich turne gerade. Morgen werde ich turnen.

1 **Folge nur den Verben in der Vergangenheit. Markiere sie.**

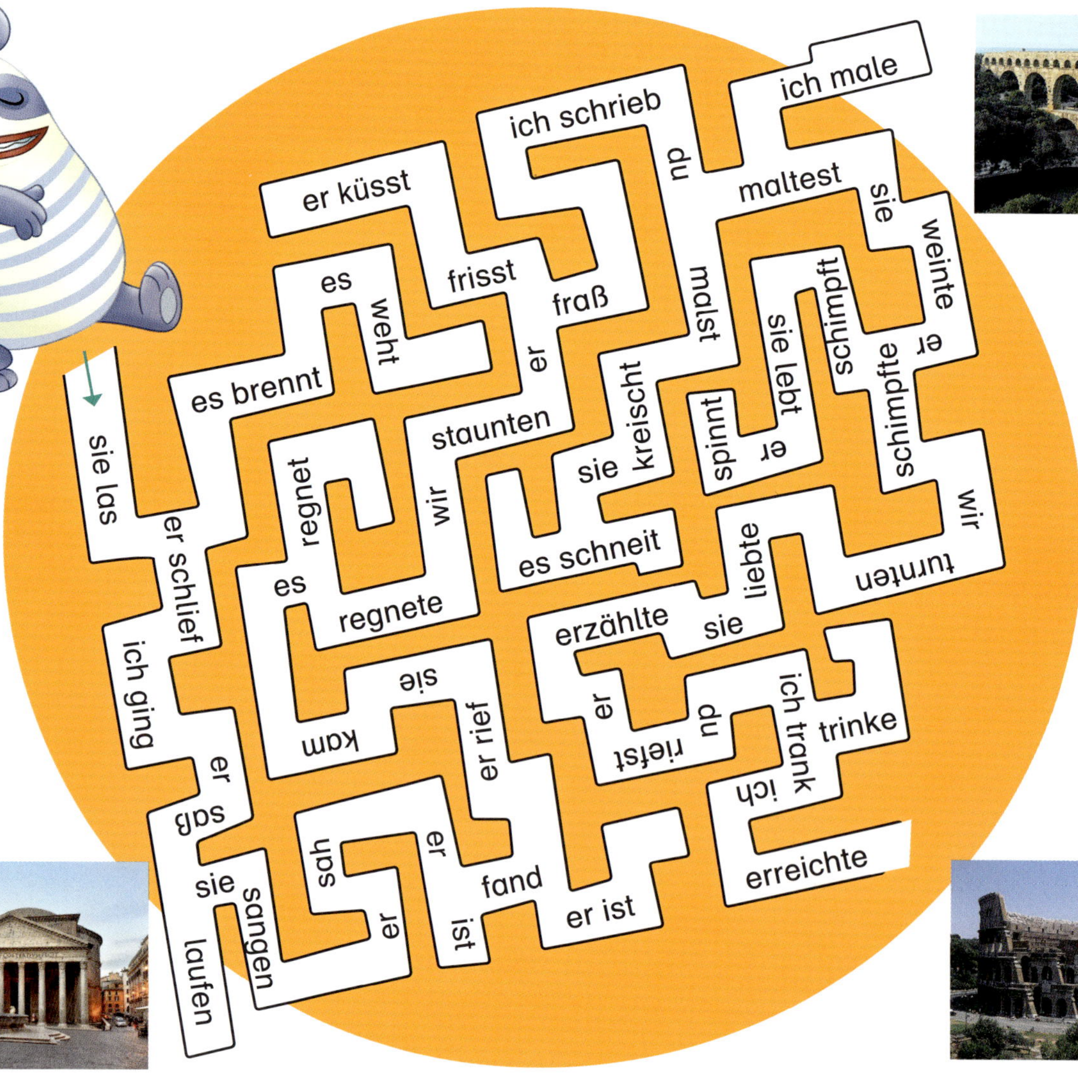

A

B

C

An welchem römischen Gebäude endet dein Weg durch das Labyrinth? Kreuze an.

A ☐ B ☐ C ☐

2 **Welcher Satz passt zu der Gegenwart, der Vergangenheit und der Zukunft? Kreuze an.**

Vor langer Zeit

- [ ] Columbus entdeckte die neue Welt.
- [ ] Columbus entdeckt die neue Welt.
- [ ] Columbus wird die neue Welt entdecken.

Bald

- [ ] Die Ferien beginnen.
- [ ] Die Ferien werden beginnen.
- [ ] Die Ferien begannen.

Im Augenblick

- [ ] Ich bade im Fluss.
- [ ] Ich badete im Fluss
- [ ] Ich werde im Fluss baden.

Damals

- [ ] Ich werde Comics lesen.
- [ ] Ich lese Comics.
- [ ] Ich las Comics.

Jetzt gerade

- [ ] Sie wird wegfahren.
- [ ] Sie fuhr weg.
- [ ] Sie fährt weg.

Demnächst

- [ ] Meine Freunde werden kommen.
- [ ] Meine Freunde kommen.
- [ ] Meine Freunde kamen.

Letzte Woche

- [ ] Oma wird uns besuchen.
- [ ] Oma besuchte uns.
- [ ] Oma besucht uns.

Übermorgen

- [ ] Ich gehe ins Kino.
- [ ] Ich werde ins Kino gehen.
- [ ] Ich ging ins Kino.

Den Wortstamm erkennen

Wissen und Verstehen

Verben haben einen Wortstamm und verschiedene Endungen.
Die Endung hängt von der Person ab, die etwas tut.

ich lieb**e** du lieb**st** wir lieb**ten**

Bei manchen Verben verändert sich der Vokal (Selbstlaut) im Wortstamm.

ich w**e**rfe du w**i**rfst sie w**a**rfen

1 **Markiere den Wortstamm und die Endungen mit verschiedenen Farben.**

Ich spiel | e .
Du spiel | st .
Wir spiel | en .
Ihr spiel | t .

Der Fußballer spiel | t Fußball.
Die Sportlerin spiel | t .
Das Mädchen spiel | t .
Die Sorgenfresser spiel | en mit.
Spiel | st du mit?
Er spiel | t .

2 **Untersuche die Verbformen und trenne die Endungen vom Wortstamm ab.**

Ich	lach|e	.
Bill	lacht	.
Die Zuschauer	lachen	.
Biff	lacht	laut.
Warum	lachst	du?
Wir	lachten	über den Witz.
	Lacht	doch mal wieder!
Frula	lacht	mich an.

3 Ergänze auf jeder Karte die Grundform des Verbs. Markiere den Wortstamm.

er fuhr wir fahren du fährst fahren	ich schlafe er schlief du schläfst	ich finde du fandest wir fanden ....
sie sieht wir sehen ich sah	du wirfst sie warfen ich werfe	er fällt du fielst ihr fallt ....
wir liefen sie läuft ich laufe	ich gebe er gab du gibst	wir tragen du trägst sie trugen ....

4 Im Wortstamm dieser Verben ändert sich der Vokal oder der Doppellaut. Markiere sie.

ich schlaf e	sie schlief en	du schläf st
er ruf t	wir rief en	du ruf st
ich halt e	du hält st	sie hielt en
wir seh en	er sieh t	sie sah en
du läuf st	wir lief en	ich lauf e

Verben mit vorangestellten Wortbausteinen

Wissen und Verstehen

Viele Verben werden mit vorangestellten Wortbausteinen gebildet. Dadurch kann sich ihre Bedeutung verändern.

stellen **um**stellen **ab**stellen **aus**stellen **auf**stellen

1 Welcher Wortbaustein passt? Wähle aus und trage ein.

vor ab be ein auf ver

Du kannst den Text bei mir		schreiben.
Er muss sich in die Warteliste		schreiben.
Das lass ich mir nicht		schreiben!
Kannst du mir deine Handynummer		schreiben?
Ich kann dir den Weg genau		schreiben.
Der Arzt soll dir einen Hustensaft		schreiben.

2 Untersuche jedes Verb. Trage den vorangestellten Wortbaustein (WB), den Wortstamm (WS) und die Endung (E) der Grundform ein.

	WB	WS	E		WB	WS	E
überlegen	über	leg	en	anstellen			
weggehen				einarbeiten			
aufziehen				auslachen			
anpacken				abschneiden			

Bist du fit?

Kannst du die Wortarten an ihren Wortbausteinen erkennen?

WOHNUNG ER WOHNTE SÄUBERLICH HEIMLICH KRÄNKLICH

VERSCWENDEN BENEIDEN WOHNLICH SAUBERKEIT

SIE ERKRANKTE GEHEIMNIS FREUDIG VERSCHWENDERISCH

DU BENEIDEST IHN VERHEIMLICHEN ICH FREUE MICH

VERSCHWENDUNG ER SÄUBERT KRANKHEIT

Überlege:

Erkenne ich am Ende des Wortes einen Wortbaustein?

- bei **Nomen**: **heit**, **keit**, **ung**, **nis**
- bei **Adjektiven**: **ig**, **lich**, **isch**
- bei **Verben** in der Grundform: **en**
- bei **Verben** in der Personalform: **e**, **st**, **t**, **te**

Erkenne ich den **Wortstamm** des Wortes?

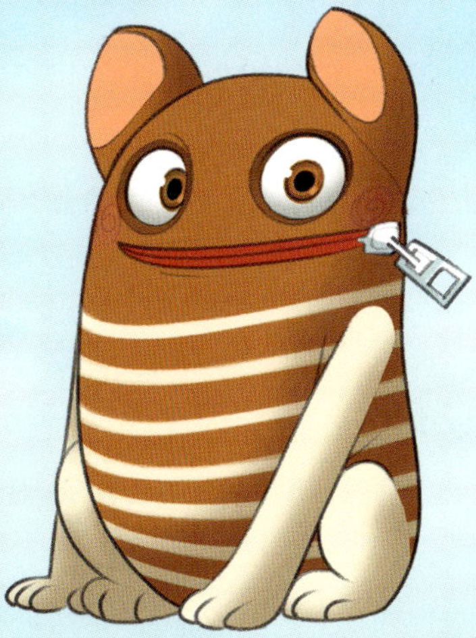

Untersuche jedes Wort auf der Trainingskarte. Trenne alle Wortbausteine ab. Markiere den Wortstamm.

Wie viele **Nomen** hast du gefunden?

Wie viele **Adjektive** hast du gefunden?

Wie viele **Verben** hast du gefunden?

Satzarten und Satzzeichen

Wissen und Verstehen

Mit einem Satz kannst du verschiedene Absichten ausdrücken.
Es gibt Aussagesätze, Fragesätze und Ausrufesätze. Die Satzarten haben unterschiedliche Satzzeichen.

Ich gehe spielen. Kommst du mit**?** Na klar**!** Super**!**

1 **Mit welcher Absicht werden die Sätze gesprochen?**
Schreibe auf, um welche Satzart es sich handelt. Trage die Satzzeichen ein.

Frula räumt ihr Haus auf	.	Aussagesatz
Räumt Frula ihr Haus auf		....
Oh, Frula räumt ihr Haus auf		....
Ist Frulas Haus aufgeräumt		....
Ich freu mich auf Schnulli		....
Schnulli kommt zu Besuch		....
Super, Schnulli kommt zu Besuch		....
Wann kommt Schnulli zu Besuch		....

Extrarunde

Für schlaue Köpfe

Aufforderungen können mit einem Ausrufezeichen versehen werden, wenn du etwas sehr bestimmt und nachdrücklich sagst.
Bei welchem Satz setzt du einen Punkt, bei welchem ein Ausrufezeichen?
Polli, putz dir die Zähne
Polli, putz dir jetzt endlich die Zähne

Wissen und Verstehen

Wenn in einem Text jemand etwas sagt, steht das in der wörtlichen Rede.
Du erkennst sie an den Anführungszeichen (Gänsefüßchen).

Tim flüstert: „Ich höre ein Geräusch."

Der Begleitsatz steht entweder vor, zwischen oder nach der wörtlichen Rede.

„Ich höre ein Geräusch", flüstert Tim.

„Ich höre ein Geräusch", flüstert Tim, „lass uns verschwinden."

1 **Unterstreiche die wörtliche Rede und den Begleitsatz unterschiedlich.**

Bill schlägt vor: „Lass uns zum Bolzplatz gehen."

„Ja, das ist eine gute Idee", antwortet Betti.

„Ich hole schnell einen Ball", ruft Betti, „damit wir gleich losfahren können."

„Wann willst du wieder zu Hause sein?", fragt Bill.

„Ziemlich früh", erklärt Betti, „weil ich noch Gummitwist spielen will."

„Dann müssen wir jetzt los!", drängelt Bill.

2 **Wo steht der Begleitsatz? Vorne, in der Mitte oder hinten? Kreuze an.**

	←	↓	→
Om fragt: „Wer hat das Tor geschossen?"	X		
„Ich habe gewonnen", freut sich Gump.			
„Pass auf!", ruft Polli.			
„Ich finde", sagte Biff, „Kinder brauchen mehr Rechte!"			
Sepp erzählt: „Gestern flog uns ein Vogel zu."			
„Gib mir mein Gute-Nacht-Fläschchen", bettelt Betti, „damit ich einschlafen kann."			

Das Subjekt

Wissen und Verstehen

Ein Satz besteht aus mindestens zwei Satzgliedern, dem Subjekt (Satzgegenstand) und dem Prädikat (Satzkern).

Die Vögel (Subjekt) fliegen (Prädikat).

Nach dem Subjekt fragst du: **Wer** oder **was**?

Nach dem Prädikat fragst du: Was **tut** jemand?

1 **Sieh dir das Bild an. Finde heraus, wer etwas tut. Trage das passende Subjekt ein. Die Namen der Sorgenfresser kannst du im Umschlag nachsehen.**

Enno	schläft.		isst.
	angelt.		tanzt.
	fliegt.		malt.
	springt.		fängt Schmetterlinge.

2 **Schau dir noch einmal das Bild auf Seite 30 an. Frage nach dem Prädikat: Was tut jemand? Trage das passende Prädikat ein.**

Enno	schläft .	Schnulli	.
Ed	.	Polli	.
Bill	.	Rumpel	.
Flint	.	Om	.

3 **Frage in jedem Satz nach dem Subjekt und dem Prädikat. Trage sie ein.**

Das Baby weint. Der Torwart hält. Biff schaukelt. Meine Oma kocht.

Eltern nerven. Es regnet. Ich träume. Sie lesen. Der Winter kommt.

Gump hat gespielt. Alle frieren. Er schlief ein.

Das Baby	weint .		.
Subjekt	Prädikat	Subjekt	Prädikat
	.		.
Subjekt	Prädikat	Subjekt	Prädikat
	.		.
Subjekt	Prädikat	Subjekt	Prädikat
	.		.
Subjekt	Prädikat	Subjekt	Prädikat
	.		.
Subjekt	Prädikat	Subjekt	Prädikat
	.		.
Subjekt	Prädikat	Subjekt	Prädikat

Satzergänzungen

Wissen und Verstehen

Sätze können aus mehr als zwei Satzgliedern bestehen. Du kannst sie durch Satzergänzungen erweitern.
Nach den Ergänzungen kannst du mit **Wen?** oder **Wem?** fragen.

Ich esse. Ich esse **einen Apfel**. Ich gebe **meinem Freund** einen Apfel.

1 Verbinde jeden Satz mit einer passenden Ergänzu ng. Frage immer: Wen?

Die Löwin	reißt	eine Maus.
Der Storch	fängt	ein Kaninchen.
Das Kätzchen	schlabbert	einen Frosch.
Die Schlange	erwürgt	einen Knochen.
Der Maulwurf	frisst	eine Gazelle.
Die Katze	fängt	einen Regenwurm.
Der Hund	zerbeißt	seine Milch.

2 Unterstreiche die Satzergänzungen. Frage immer: Wem?

40 000 Menschen schauen dem Fußballspiel zu. Die Fans vertrauen ihrer Mannschaft. Der Linienrichter hilft dem Schiedsrichter. Der Stürmer entwischt dem Verteidiger. Der Trainer ruft dem Kapitän etwas zu. Der Reporter traut seinen Augen nicht. Der Trainer dankt den Spielern. Der Präsident gratuliert den Gewinnern. Der Pokal gehört der besseren Mannschaft.

Bist du fit?

Kannst du Satzglieder bestimmen?

Vater kocht Lasagne.

Biff schwimmt.

Om und Ed tauchen.

Ich lese ein Buch.

Der Bademeister pfeift.

Meine Freundin füttert die Enten.

Sie spielt einen Walzer.

Die Kappe gehört meinem großen Bruder.

Der Hund gehorcht seinem Herrchen.

Die Mannschaft feiert den Pokalsieg.

Überlege:

- Nach dem **Subjekt** frage ich: **Wer?** oder **Was?**.
- Nach dem **Prädikat** frage ich: **Was tut jemand?** oder **Was geschieht?**.
- Nach den **Satzergänzungen** frage ich: **Wen?** oder **Wem?**.

Untersuche die Sätze auf der Trainingskarte.
Bestimme mit den Fragen die Satzglieder. Unterstreiche Subjekt, Prädikat und Satzergänzungen mit den entsprechenden Farben.

Denke dir einen Satz mit zwei **Satzergänzungen** aus:

wer?	tut was?	wem?	wen oder was?

Ich schenke ....

Nomen erkennen

Wissen und Verstehen

Nomen werden großgeschrieben. Sie bezeichnen Lebewesen, Gegenstände, Gefühle und Zustände. Merkmale von Nomen sind:

der bestimmte und unbestimmte Artikel der die das ein eine

Einzahl und Mehrzahl ein viele

die nachgestellten Wortbausteine heit keit ung

Auch Eigennamen sind Nomen. Enno Herr Maier die Zugspitze

1 **Suche die Nomen heraus. Schreibe sie auf und begründe, woran du sie erkennst.**

HEIZUNG POLLI HÜNDISCH VIELE BÄUME BAUEN EINE MAUS MÜDE
KRANKHEIT MÜDIGKEIT WARTEN KRANK DER POLIZIST FRANKFURT

Heizung	**Merkmal**	Wortbaustein: ung
....	**Merkmal**	....
....	**Merkmal**	....
....	**Merkmal**	....
....	**Merkmal**	....
....	**Merkmal**	....
....	**Merkmal**	....
....	**Merkmal**	....

Extrarunde

Namen untersuchen

Es gibt nicht nur Eigennamen für Personen. Sammle Eigennamen für Flüsse, Städte und Meere. Welche Namen werden ohne Artikel gebraucht?

Wissen und Verstehen

Die Wortbausteine **nis** und **in** am Ende eines Wortes kennzeichnen ein Nomen. In der Mehrzahl verändern sich diese Bausteine.

das Zeug**nis** – die Zeug**nisse**
die Ärzt**in** – die Ärzt**innen**

1 **Schreibe die Nomen in der Mehrzahl auf. Markiere den Wortbaustein auch in der Mehrzahl.**

das Geständ	nis		das Zeug	nis	
die Geständ	nis	se	die		
das Erleb	nis		das Hinder	nis	
die			die		
das Gefäng	nis		das Bedürf	nis	
die			die		
das Verzeich	nis		das Geheim	nis	
die			die		

2 **Schreibe die weibliche Berufsbezeichnung in der Einzahl und in der Mehrzahl auf.**

der Arzt	die Ärztin	die Ärztinnen
der Pilot		
der Lehrer		
der Gärtner		
der Manager		
der Kanzler		

Satzanfänge und Anredepronomen

Wissen und Verstehen

Satzanfänge und Überschriften werden am Anfang großgeschrieben.

Gefunden! **G**estern hat es geregnet.

Die Höflichkeitsanrede in einem Brief wird immer großgeschrieben.

Liebe Frau Lenz, wie geht es **Ihnen**? Hoffentlich werden **Sie** bald wieder gesund.

1 **Lies den Brief an die kranke Klassenlehrerin. Welche Wörter müssen großgeschrieben werden? Markiere die Fehler und korrigiere sie.**

liebe frau lenz,

gestern waren wir mit der klasse auf dem bauernhof. leider mussten wir ohne sie fahren. es war aber trotzdem ganz toll. die kuh berta hatte vorgestern zwillinge geboren. die aufregung können sie sich gar nicht vorstellen! wir durften die kälbchen ansehen. leise schlichen wir in den stall. wir streichelten sie vorsichtig. ihre nasen waren ganz weich. wir nannten sie max und moritz. bauer maier gab den babys milch aus einer nuckelflasche.

wir wünschen ihnen gute besserung.

viele grüße, ihre klasse 3b

Extrarunde

Briefgeheimnis?

Bei Personen, die du duzt, benutzt du die Anredepronomen du oder dein. Diese Anreden kannst du in Briefen groß- oder kleinschreiben. Kennst du noch andere Anredepronomen für Freunde, Tanten, Opas oder Kusinen?

Kannst du die Regeln der Großschreibung anwenden?

verkauft (1)

heute ist flohmarkt. viele leute (2) verkaufen bücher, spiele und kleidung (3). auch betti (4) und bill haben einen stand (5) aufgebaut. die geschwister stehen den ganzen nachmittag am stand. allmählich drücken bettis neue schuhe. sie zieht sie aus und stellt sie neben den stand. sie hat durst (6) und hunger. auf einer bank isst sie ein brot. sie kommt zurück und sucht ihre schuhe. oh, so eine gemeinheit (7)! bill hat ihre schuhe verkauft. jetzt (8) muss sie mit mamas alten sandalen nach hause gehen.

Überlege:

- Ist es eine Überschrift? **A**
- Ist es das erste Wort im Satz? **B**
- Ist das Wort ein Eigenname? **C**
- Ist das Wort ein Nomen? **D**

Korrigiere alle Wörter auf der Trainingskarte, die großgeschrieben werden müssen. Überprüfe die Wörter mit einer Nummer. Welche Überlegungen wurden bei diesen Fehlern nicht beachtet? Kreise ein.

Fehler 1	⟶	A	B	C	D
Fehler 2	⟶	A	B	C	D
Fehler 3	⟶	A	B	C	D
Fehler 4	⟶	A	B	C	D
Fehler 5	⟶	A	B	C	D
Fehler 6	⟶	A	B	C	D
Fehler 7	⟶	A	B	C	D
Fehler 8	⟶	A	B	C	D

b, d, g im Auslaut

Wissen und Verstehen

b und **p**, **d** und **t**, **g** und **k** klingen im Auslaut gleich.

das Sie**b** – plum**p** der Ber**g** – das Wer**k** run**d** – bun**t**

Wenn du das Wort verlängerst, kannst du den Laut so hören, wie du ihn schreiben musst. Nomen kannst du mit der Mehrzahl verlängern, Adjektive mit ihrer 1. Vergleichsstufe.

das Sie**b** – die Sie **be** der Ber**g** – die Ber **ge** mil**d** – mil **der**

1 Verlängere die Nomen und Adjektive.

der Zwerg → Ich bilde die Mehrzahl → die Zwer ge

die Burg → Ich bilde die Mehrzahl → die ……… ………

das Rad → Ich bilde die Mehrzahl → die ……… ………

der Korb → Ich bilde die Mehrzahl → die ……… ………

der Dieb → Ich bilde die Mehrzahl → die ……… ………

das Lied → Ich bilde die Mehrzahl → die ……… ………

blond → Ich vergleiche → blon der

wild → Ich vergleiche → ……… ………

klug → Ich vergleiche → ……… ………

schräg → Ich vergleiche → ……… ………

lieb → Ich vergleiche → ……… ………

fremd → Ich vergleiche → ……… ………

Wissen und Verstehen

Bei manchen Personalformen des Verbs kannst du nicht hören, ob du **b** oder **p**, **d** oder **t**, **g** oder **k** schreiben musst.
Erst in der Grundform des Verbs hörst du den Laut so, wie du ihn schreiben musst.
er schrei**bt** – schrei **b**en   er san**d**te – sen **d**en   sie sa**gt** – sa **g**en

1 Verlängere die Verben, indem du die Grundform bildest.

du schreibst	kommt von	schrei	ben	also	b
sie steigt	kommt von			also	
sie band	kommt von			also	
er klebt	kommt von			also	
ich flog	kommt von			also	
sie blieb	kommt von			also	
er biegt	kommt von			also	
er lebte	kommt von			also	
du schiebst	kommt von			also	

2 Erkennst du die schwierigen Stellen? Markiere sie.

Er lebt unter der Erde. Er gräbt wie wild lange Gänge.
Mit seiner Grabehand schiebt er die Erde zur Seite.

Das ist der _ _ _ _ _ _ _ _ .

Wörter untersuchen: b/p, d/t, g/k

3 Schreibe die Wörter auf. Überprüfe die Rechtschreibung mit der Verlängerungsprobe.

die Bur ....

der Schran ....

der Kor ....

sie lie .... t

das Fahrra ....

sie schrei .... t

der Mun ....

der Hun ....

das Bro ....

die Han ....

das Sie ....

er flie .... t

der Hu ....

die Ban ....

es stin .... t

sie gi .... t

4 Schreibe das Gegenteil auf. Denke an die Verlängerungsprobe.

scharf	–	mild	krank	–	....
zahm	–	....	böse	–	....
schwach	–	....	eckig	–	....
früh	–	....	einfarbig	–	....
warm	–	....	weich	–	....

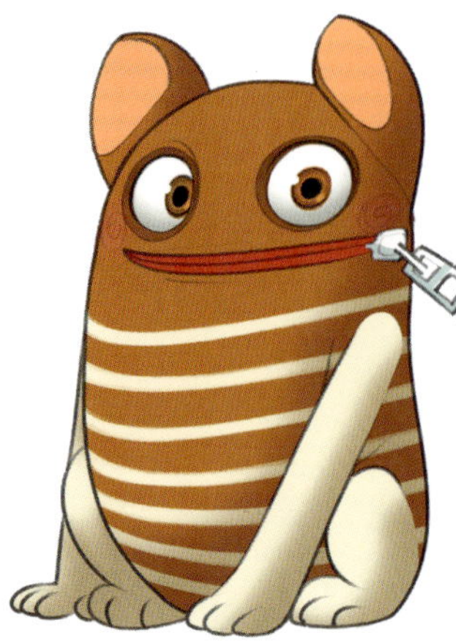

Wissen und Verstehen

Das Fugen-**s** findest du oft bei zusammengesetzten Nomen. Du kannst es in der Verbindung mit anderen Buchstaben manchmal nicht gut hören.

die Mittag**s**pause Geburt**s**tag

1 **Kreise das Fugen-s ein.**

Trainingsanzug	Mittagspause	Sonntagszeitung
Hemdsärmel	Geburtstag	Gesellschaftsspiel
Frühlingswetter	Weihnachtsbaum	Lieblingsessen
Hochzeitsstrauß	Nahrungsmittel	Adventskranz

2 **Bilde zusammengesetzte Nomen und schreibe möglichst viele auf.**

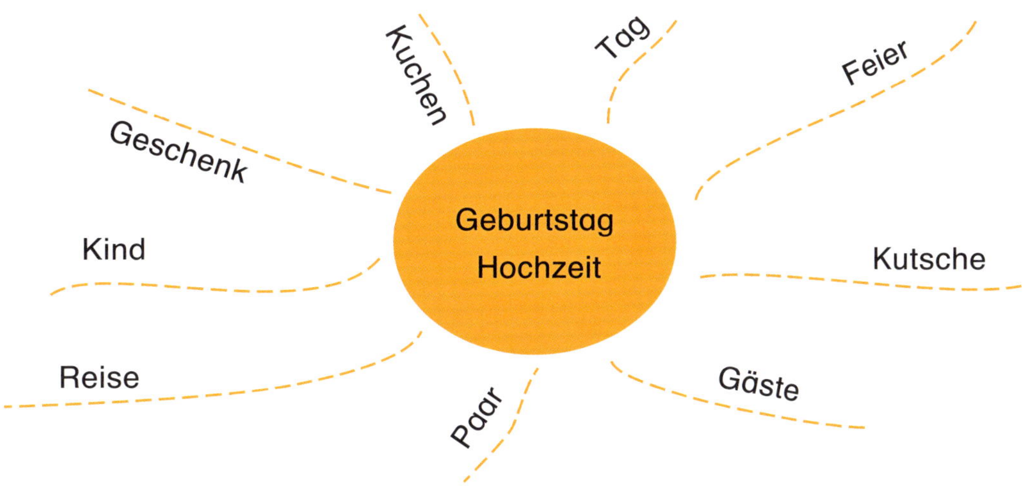

Die Buchstabenverbindung **chs**

Wissen und Verstehen

Der Laut **ks** wird oft **chs** geschrieben. Diese Wörter sind Merk- und Lernwörter. Wie sie geschrieben werden, kannst du mit Regeln nicht überprüfen. Du musst sie auswendig lernen.

se**chs** der Fu**chs**

1 **Ergänze die Reihe. Markiere chs.**

der Achsenbruch	Hinterachse	die Drehachse	→	die Achse
der Dachsbau	der Dachshund	das Dachsweibchen	→	
die Waldeidechse	die Eidechseneier	die Zauneidechse	→	
die Luchsaugen	der Polarluchs	abluchsen	→	
die Sechslinge	sechsunddreißig	der Sechser	→	
die Erwachsenen	aufwachsen	heranwachsen	→	
das Wechselgeld	die Wechselstube	auswechseln	→	
die Teebüchse	die Büchsenmilch	der Büchsenöffner	→	
der Hornochse	die Ochsentour	der Ochsenschwanz	→	
der Fuchsbau	der Fuchsschwanz	der Wüstenfuchs	→	

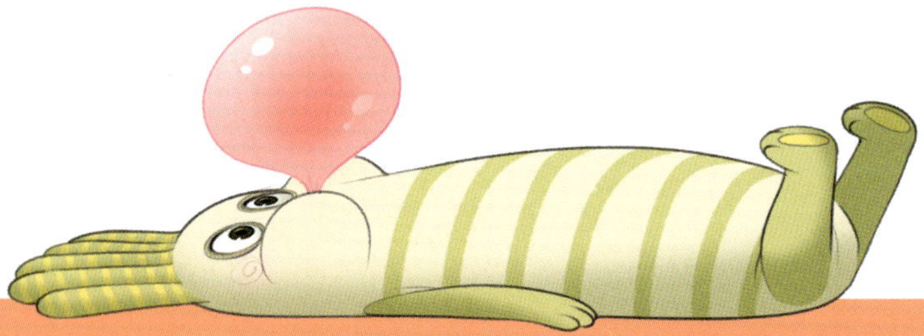

Extrarunde

Büchsen-Wörter

Sammle **chs**-Wörter in einer Bü**chs**e oder auf einer Karteikarte.
Wie viele Wörter findest du?
Sammle auch Wörter mit anderen schwierigen Lauten.

Bist du fit?

Kannst du die Schreibung der hart klingenden Auslaute überprüfen?

wild	das Kind	Jörg	er lebte
er gräbt	der Korb	lieb	die Wand
klug	sie schreibt	mild	es klebt
fremd	das Lied	schräg	es steigt
Jakob	sie tobt	Ingrid	er lobte
der Mund	Gerd	die Hand	gesund

Überlege:

- Welche Verlängerungsform kann ich bei einem Nomen anwenden?
- Welche Verlängerungsform wähle ich beim Adjektiv?
- Welche Verlängerungsform hilft mir beim Verb?

Untersuche jedes Wort auf der Trainingskarte.
Notiere die geeignete Verlängerungsform:

Mehrzahl (M)
Vergleichsform (V)
Grundform (G)

Bei welchen Nomen hat die Verlängerungsprobe mit der Mehrzahl nicht funktioniert?

....

....

Lange und kurze Vokale unterscheiden

Wissen und Verstehen

Der betonte Vokal (Selbstlaut) oder Umlaut in einem Wort kann kurz oder lang klingen.

die Hütte – die Hüte

Nach einem kurzen Vokal oder Umlaut folgen mehrere Konsonanten (Mitlaute). Es können auc h zwei gleiche sein.

sto**lp**ern   fa**ll**en

1 **Markiere die kurzen betonten Vokale mit einem Punkt •, die langen mit einem Strich _.**

die Ente	der Löwe	der Tiger	der Affe
der Bär	der Hund	die Katze	die Qualle
die Lämmer	die Gänse	der Käfer	der Wal
blöken	fressen	bellen	quaken
schnell	lieb	dick	kurz

2 **Wie klingt der betonte Vokal? In jeder Reihe passt ein Wort nicht. Begründe.**

basteln   loben   küssen   lachen   trinken   rennen

.... passt nicht, weil ....

schnell   glatt   grün   nass   rund   bunt   hell

.... passt nicht, weil ....

Nase   Ohren   Fuß   Knie   Hals   Haare   Zähne

.... passt nicht, weil ....

3 Wie viele Konsonanten folgen auf den kurz gesprochenen Vokal? Kreuze an.

	zwei	zwei gleiche	drei und mehr
Tante			
Schiff			
Löffel			
Fenster			
hell			
Dampf			
huschen			

	zwei	zwei gleiche	drei und mehr
stopfen			
bellen			
schimpfen			
wippen			
stolpern			
klatschen			
schütteln			

4 Suche Reimwörter und schreibe sie auf.

Tanne Teller Rüssel Schwamm Lippe

Kessel Schlüssel Stamm Wippe

Brille Pfanne Scholle Klappe Wolle

Sessel Keller Mappe Grille

Tanne – Pfanne

tz und ck

Wissen und Verstehen

Nach einem kurzen Vokal werden die Konsonanten **z** und **k** verdoppelt. Statt **zz** schreibst du aber **tz**, statt **kk** schreibst du **ck**.

die Hi**tz**e schwa**tz**en wi**tz**ig

die Ja**ck**e ba**ck**en

1 Ergänze die Sätze.

Auf leisen Pfoten kommt die	Kat	ze	.
Der Tiger hat sehr große			.
Ich esse gerne Wiener			.
Brillengläser muss man			.
Sorgenfresser erzählen sich gern			.
Mit Wasser kann man			.
Ohne Haare hat man eine			.
Auf harten Stühlen kann man schlecht			.

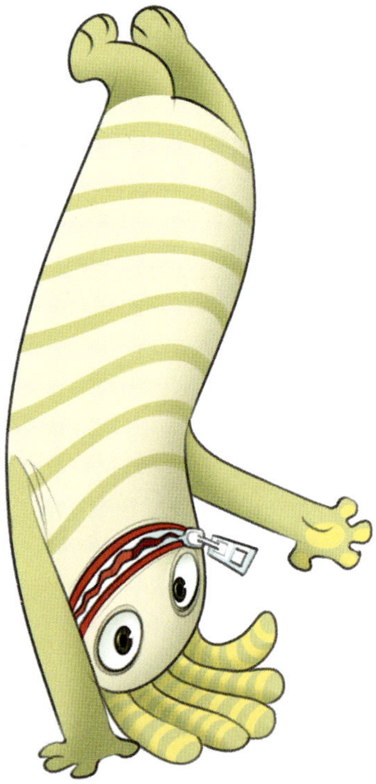

2 Suche Reimwörter. Markiere **ck**.

Decken	picken	Rücken
str	str	dr
Schn	n	b
Z	bl	Kr
H	k	pfl
w	st	M

Wissen und Verstehen

Das **h** nach einem Vokal ist ein Dehnungszeichen. Man nennt es Dehnungs-**h**.
Du kannst es nicht hören. Diese Wörter musst du dir merken.

die **Uh**r   b**oh**ren   l**ah**m

Das silbentrennende **h** kannst du hören, wenn du das Wort in Silben getrennt sprichst.

die Ru-**h**e   se-**h**en

1 **Ordne die Wörter und schreibe sie auf.**

die Zahl   das Ohr   das Gefühl   ähnlich   nehmen   das Huhn   ohne
zehn   kahl   mehr   fahren   die Lehrerin   die Söhne   der Fehler   wohnen
zahm   hohl   ehrlich   die Uhr   führen   die Fahne   der Stuhl   der Kohl
die Zähne   rühren   der Verkehr   die Röhre

oh/öh ....

eh ....

ah/äh ....

uh/üh ....

Das silbentrennende h

2 Schreibe die Wörter in Silben getrennt auf. Überprüfe, ob du das **h** hören kannst. Kreuze an und ergänze bei den Verben die Personalform.

	1. Silbe	2. Silbe	ja	nein	Personalform
stehen	ste	hen	X		er steht
die Sahne					
sehen					ihr
die Ruhe					
die Uhren					
fehlen					du
die Stühle					
die Schuhe					
fahren					er
die Fahne					
wohnen					sie
nehmen					ihr
drehen					er

Extrarunde

ih-Wörter suchen

Es gibt nur wenige Wörter mit **ih**. Du verwendest sie allerdings ziemlich häufig.
Es sind die Pronomen: **ihm**, **ihn** ...
Suche die anderen vier Wörter.

Kannst du die Schreibung nach kurzen und langen Vokalen begründen?

packen, der Sturz, der Draht, petzen, die Stimme,
stampfen, drehen, die Bahn, die Kerze, dehnen, die Klingel,
fallen, fühlen, der Klotz, flehen, das Fenster, stumpf,
der Stuhl, das Fahrrad, flicken, glatt, bremsen, die Kette

Überlege:

Bei kurzem Vokal frage ich mich:

- Folgen mindestens zwei Konsonanten?
- Folgen zwei gleiche Konsonanten?
- Folgt ein **tz** oder ein **ck**?

Bei einem langen Vokal frage ich mich:

- Schreibt man das Wort mit einem Dehnungs-**h**?
- Folgt auf den Vokal ein silbentrennendes **h**?

Untersuche die Wörter auf der Trainingskarte. Markiere die betonten kurzen Vokale mit einem Punkt •, die langen mit einem Strich –.
Wähle zu diesen Begründungen jeweils ein Trainingswort aus.

Nach dem kurzen Vokal folgen drei Konsonanten. → ....

Nach dem langen Vokal höre ich das silbentrennende **h**. → ....

Nach dem kurzen Vokal folgen zwei gleiche Konsonanten. → ....

Nach dem kurzen Vokal folgt ein **tz**. → ....

Nach dem kurzen Vokal folgt ein **ck**. → ....

Das Dehnungs-**h** kann ich nicht hören.
Ich muss das Wort auswendig lernen. → ....

Wortstamm und Wortfamilie

Wissen und Verstehen

Wörter mit gleichem Wortstamm gehören zu einer Wortfamilie. Das Erkennen des Wortstamms hilft dir, verwandte Wörter richtig zu schreiben. Der Vokal im Wortstamm kann sich jedoch leicht verändern.

fühlen	das Ge**fühl**	ge**fühl**voll	der **Fühl**er
fahren	das Ge**fähr**t	er **fuhr**	das **Fahr**rad

1 **Sortiere die Wörter nach Wortfamilien. Kennzeichne den Wortstamm.**

die Kühle · er aß · lächerlich · abkühlen · das Esszimmer
auslachen · die Kühlbox · das Gelächter · lächeln · der Esstisch
die Lachmuskeln · kühler · er hat gegessen · unterkühlt
der Kühlschrank · essbar · du lachst · sie isst

lachen	kühl	essen
du lachst		

Extrarunde

Wortfamilien erkennen

Bei manchen Wortfamilien ist es schwierig, die Verwandtschaft der Wörter am Wortstamm zu erkennen. Weißt du, zu welchen Wortfamilien diese Wörter gehören?

kam   Sessel

Wissen und Verstehen

Wenn du ein Verb mit einem vorangestellten Wortbaustein verbindest, können zwei gleiche Konsonanten aufeinandertreffen.

au**s**-**s**ehen   au**s**-**s**prechen   a**b**-**b**iegen   we**g**-**g**ehen

Besonders aufpassen musst du bei den Wortbausteinen **ab** und **weg**, weil sie am Ende anders geschrieben als gesprochen werden.

a**b**-fahren   we**g**-bringen

1 **Bilde aus Wortbausteinen und Verben sinnvolle Wörter.**

ab
aus
weg

bremsen   schließen   brechen   binden
laufen   knipsen   sehen   fallen
gehen   brennen   werfen
nehmen   stützen   tragen   spucken
wischen   stellen   rechnen   biegen
geben   blasen   setzen   gießen   gucken

Schreibe nur die Verben auf, bei denen zwei gleiche Buchstaben aufeinandertreffen. Markiere diese Stelle.

abbrennen

Nachgestellte Wortbausteine **ig, lich, isch**

Wissen und Verstehen

Wörter mit den Wortbausteinen **ig**, **lich**, **isch** sind Adjektive. Sie werden kleingeschrieben.

lust**ig** fröh**lich** stürm**isch**

Wenn du die Adjektive verlängerst, kannst du die Wortbausteine gut unterscheiden und richtig schreiben.

die lust**ig**en Kinder eine fröh**lich**e Gesellschaft ein stürm**isch**er Beifall

1 **Du kannst ein Adjektiv verlängern, indem du es mit einem Nomen verbindest. Bilde passende Wortpaare und kreise die nachgestellten Wortbausteine ein.**

italienisch	Training	die italienische Fahne
leserlich	Trauben	
giftig	Paar	
glücklich	Schrift	
malerisch	Beine	
pünktlich	Weg	
steinig	Fahne	
täglich	Sorgenfresser	
kräftig	Bus	
freundlich	Landschaft	
säuerlich	Pilz	

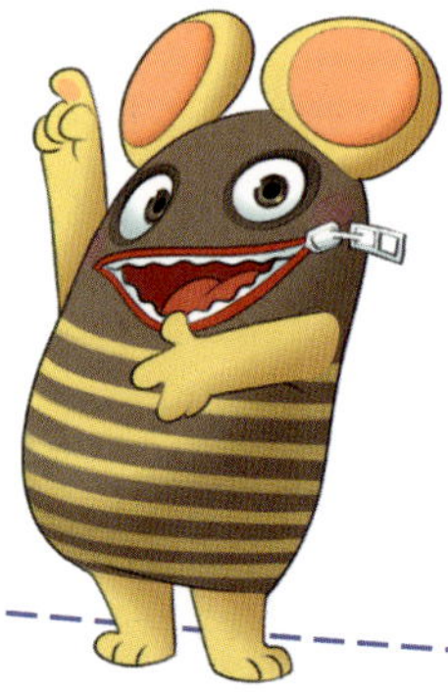

Bist du fit?

Kannst du in diesen Wörtern die schwierigen Stellen erkennen?

aussehen
romantisch
du fährst
weglaufen
ausspucken
abliefern
der Gefährte
ausstellen
wegsehen
traurig
abstellen
wegwischen
absagen
friedlich
die Fähre
aussagen

Überlege:

Gibt es einen vorangestellten Wortbaustein?
- Ist der Wortbaustein richtig angefügt?

Gibt es einen nachgestellten Wortbaustein?
- Kann ich seine Schreibweise überprüfen?

Zu welcher Wortfamilie gehört das Wort?
- Kann ich daraus die Schreibweise ableiten?

Welcher Rechtschreibtipp passt zu den Wörtern auf der Trainingskarte? Trage die passenden Nummern ein.

1. **s** stößt auf **s**, weil der Wortbaustein mit **s** endet und das Verb mit **s** anfängt.
2. Dehnungs-**h**, weil das Wort zur Wortfamilie **fahren** gehört.
3. Wortbaustein **weg** mit **g**, obwohl das **g** am Ende wie **k** klingt.
4. Wortbaustein **ab** mit **b**, obwohl das **b** am Ende wie **p** klingt.
5. Der Wortbaustein **ig**, **lich** oder **isch** kann verlängert werden.

Nach Anfangsbuchstaben ordnen

Wissen und Verstehen

Wenn du unsicher bist, wie ein Wort geschrieben wird, schlage im Wörterbuch nach. Dort sind die Wörter nach dem Abc geordnet: Bei gleichen Anfangsbuchstaben musst du auf den zweiten Buchstaben achten.

der **A**ffe der **B**är der **C**lown
die **G**ans der **G**eier der **G**orilla

1 Ordne die Wörter nach dem Abc. Schreibe sie in der richtigen Reihenfolge auf.

Fahrrad	
Reflektor	aufmerksam
Klingel	
Sattel	
Lenker	
Bremse	
Helm	
flitzen	
aufmerksam	
Dynamo	
Fahrradweg	
Mountainbike	
Gegenverkehr	
umschauen	
vorsichtig	
Speichen	

Ferien	
Wiese	
Sonne	
Federball	
Meer	
Wasser	
Wetter	
Sand	
fliegen	
fahren	
Muscheln	
Stein	
warm	
Freunde	
spielen	
Erholung	

Wissen und Verstehen

Nicht alle zusammengesetzten Wörter stehen im Wörterbuch. Um sie zu finden, musst du sie in ihre Teile zerlegen. Diese Teile können aus verschiedenen Wortarten bestehen.

das Türschloss	→	die Tür, das Schloss
der Hochsommer	→	hoch, der Sommer
vorbeigehen	→	vorbei, gehen
dunkelgrün	→	dunkel, grün

1 **Zerlege die zusammengesetzten Wörter in die Teile, nach denen du suchen musst. Trage sie ein.**

vorbeifahren

vorbei | fahren

Hinterradbremse

giftgrün

Hochsprung

Buntspecht

Schneeflocken

Kopfsteinpflaster

Kopf | stein | pflaster

auftragen

Schmetterlingsnetz

dunkelblau

vorüberziehen

überanstrengen

Den Haupteintrag finden

Wissen und Verstehen

Im Wörterbuch stehen Nomen in der Einzahl, Verbe n in der Grundform und Adjektive in der Grundstufe.

die Nächte → die Nacht
sie spielte → spielen
größer → groß

Manche Wörter sind schwer zu finden, weil sie sich so stark verändern können.

er bog → biegen   besser → gut

1 **Schreibe das Wort auf, unter dem du im Wörterbuch nachschlagen musst.**

die Schätze	finde ich unter	der Schatz
er saß	finde ich unter	....
du verdienst	finde ich unter	....
höher	finde ich unter	....
die Hühner	finde ich unter	....
er liest	finde ich unter	....
gegessen	finde ich unter	....
die Häuser	finde ich unter	....
du ziehst an	finde ich unter	....
die Flöhe	finde ich unter	....
du empfiehlst	finde ich unter	....

Extrarunde

Für schlaue Köpfe

Unter welchen Wörtern musst du nachschlagen, wenn du diese Wörter nicht findest?

am besten   am meisten

Bist du fit?

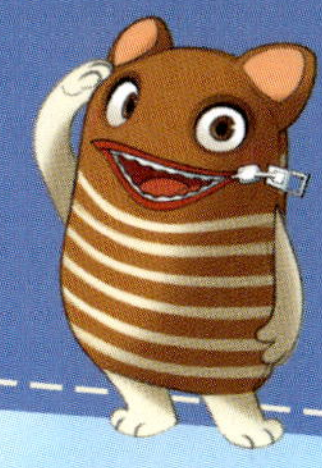

Kannst du im Wörterbuch nachschlagen?

	ja	nein		ja	nein		ja	nein
das **K**onzert			**k**latschen			die **K**lasse		
die **R**öhren			**n**ämlich			die **Ä**rztinnen		
du **s**pielst			er **l**ief			sie hat **g**egessen		
besser			am **m**eisten			**m**ajestätisch		
schließlich			**t**elefonieren			**v**ielleicht		
kleinkariert			**h**immelblau			das **C**omputerspiel		

Überlege:

Wie gehe ich vor?

- Ich suche zuerst nach dem Anfangsbuchstaben.
- Ich sehe mir den zweiten und die folgenden Buchstaben an.
- Ich suche Nomen im Singular, Verben in der Grundform, Adjektive in der Grundstufe.
- Zusammengesetzte Wörter zerlege ich und suche beide Wörter.

Findest du die Wörter auf der Trainingskarte in deinem Wörterbuch? Kreuze an. Ordne die Wörter von der Trainingskarte nach dem Abc. Schreibe sie auf.

Zu Bildern erzählen

Wissen und Verstehen

Zu einer Bildergeschichte kannst du eine zusammenhängende Erzählung schreiben. Du beschreibst dabei nicht nur die einzelnen Bilder, sondern ergänzt auch, was vor, zwischen und was nach den Bildern passiert.
Damit eine lebendige und spannende Geschichte entsteht, verwendest du die wörtliche Rede, Ausrufe- und Fragesätze.

1 **Sieh dir die Bildergeschichte genau an. Was ist zwischen den einzelnen Bildern passiert? Wie könnte die Geschichte enden? Zeichne oder schreibe in den Rahmen.**

In der richtigen Reihenfolge erzählen

2 Die einzelnen Erzählschritte sind durcheinandergeraten. Nummeriere sie in der richtigen Reihenfolge.

Erzählschritt: Plötzlich stößt Rumpel ungeschickt gegen den Blumentopf und schiebt ihn aus Versehen von der Fensterbank.

Erzählschritt: Der Blumentopf fällt herunter. Bill geht gerade unter dem Fenster vorbei.

Erzählschritt: Rumpel will seine Blume gießen, die auf der Fensterbank steht.

Erzählschritt:

3 Beantworte die folgenden Fragen zu der Bildergeschichte.

Wer erlebt etwas?

Wo spielt die Geschichte?

Was passiert?

Wie endet die Geschichte?

Treffende Verben verwenden

4 **Suche treffende Verben und verbessere die Begleitsätze, indem du Wiederholungen vermeidest.**

ruft

„Ach du liebe Zeit!“, ~~sagt~~ Rumpel aufgeregt. Schnell läuft er auf die Straße zu Bill. „Hast du dich verletzt?“, ~~sagt~~ er. Bill ~~sagt~~: „Alles halb so schlimm. Ich habe nur einen riesigen Schreck bekommen.“ Rumpel ~~sagt~~: „Kann ich dir helfen?“ „Könntest du mir helfen, aufzustehen?“, ~~sagt~~ Bill. „Natürlich“, ~~sagt~~ Rumpel. „Und möchtest du vielleicht ein Stück Kuchen und eine Tasse Kakao?“, ~~sagt~~ er.

ergänzen beruhigen jubeln schimpfen fragen anbieten

bitten seufzen ~~rufen~~ stammeln antworten fragen

5 **Sieh dir das Bild links genau an und beantworte die Fragen.**

Wie fühlt sich Bill? ....

....

....

....

Was denkt er? ....

....

....

....

Was ruft er aus? Wähle passende Ausrufe aus und markiere sie farbig.

Hilfe! Juchhu! Oh Schreck! Ach du liebe Zeit! Wie herrlich! Hurra!

O weh! Toll! So ein Pech! Nein! Oh! Hoppla! Super!

6 **Schreibe deine Geschichte ausführlich auf. Die Erzählschritte auf Seite 59 können dir helfen.**

Extrarunde

Geschichten schreiben

Wenn deine Geschichte besonders gut gelungen ist, kannst du sie an die Redaktion des Dudenverlags schicken:

Bibliographisches Institut
Redaktion schulbegleitendes Lernen
Mecklenburgische Str. 53
14197 Berlin

Erzählschritte planen

Wissen und Verstehen

Ein erfundenes oder tatsächliches Erlebnis kannst du in einer Geschichte erzählen. Das Hauptereignis wird im Hauptteil möglichst genau aufgeschrieben, damit die Geschichte interessant und spannend wird. Die Einleitung und der Schluss sollten kurz sein.
Notiere zuerst die einzelnen Erzählschritte. Überlege anschließend, was du besonders ausführlich erzählen willst.

1 **Lies die folgenden Erzählschritte und beantworte die Fragen.**

Biff und Polli gehen am Nachmittag vom Schwimmbad nach Hause.
Auf dem Gehweg sehen sie einen fremden, großen Hund.
Sie haben Angst.
Sie verstecken sich hinter einem Gartenzaun.
Der Hundebesitzer kommt und nimmt den Hund an die Leine.
Biff und Polli setzen ihren Weg fort.

Wann und **wo** spielt die Geschichte? ....

....

Wer sind die Hauptpersonen? ....

Was ist geschehen? ....

....

....

....

Wie endet die Geschichte? ....

....

....

....

2 Polli hat im Hauptteil der Geschichte spannend erzählt, was sie und Biff dachten, fühlten und sagten. Unterstreiche diese Stellen im Text unten.

3 Ergänze eine kurze Einleitung und einen kurzen Schluss.

……………………………………………………………………………………

In der letzten Woche ……………………………………………………………

……………………………………………………………………………………

……………………………………………………………………………………

Als wir den großen, schwarzen Hund auf dem Gehweg sahen, blieben wir wie angewurzelt stehen. „Sollen wir schnell auf die andere Straßenseite gehen?“, fragte ich Biff ängstlich. „Wir dürfen auf keinen Fall wegrennen“, meinte Biff, „damit er uns nicht verfolgt.“ Unsicher schauten wir uns nach dem Besitzer um, aber er war nirgends zu sehen. „Wenn wir weiterlaufen, müssen wir an dem Hund vorbeigehen und er sieht nicht sehr freundlich aus“, dachte ich verunsichert. Da hatte Biff eine Idee. „Lass uns hier hinter dem Gartentor warten, bis der Hundebesitzer auftaucht.“ Langsam bewegten wir uns in den Garten und schlossen schnell das Tor. Ich war froh, dass wir uns hinter dem Zaun verstecken konnten.

Nach ein paar Minuten …………………………………………………………

……………………………………………………………………………………

……………………………………………………………………………………

4 Entscheide dich für eine Überschrift und schreibe sie über die Geschichte.

Der schwarze Hund | Ein Zwischenfall auf dem Schulweg | Ein großer Schreck

Eine Fantasiegeschichte planen

Wissen und Verstehen

Eine Fantasiegeschichte kannst du mit unwahrscheinlichen und fantastischen Einzelheiten ausstatten. Sie kann in der Zukunft, auf einem fernen Planeten oder im Märchenwald spielen.
Der Verlauf muss gut geplant sein, damit du den roten Faden nicht verlierst.

1 **Plane eine Fantasiegeschichte zu diesen drei Reizwörtern. Schreibe weitere passende Wörter auf die Linien, die du in deiner Geschichte verwenden willst.**

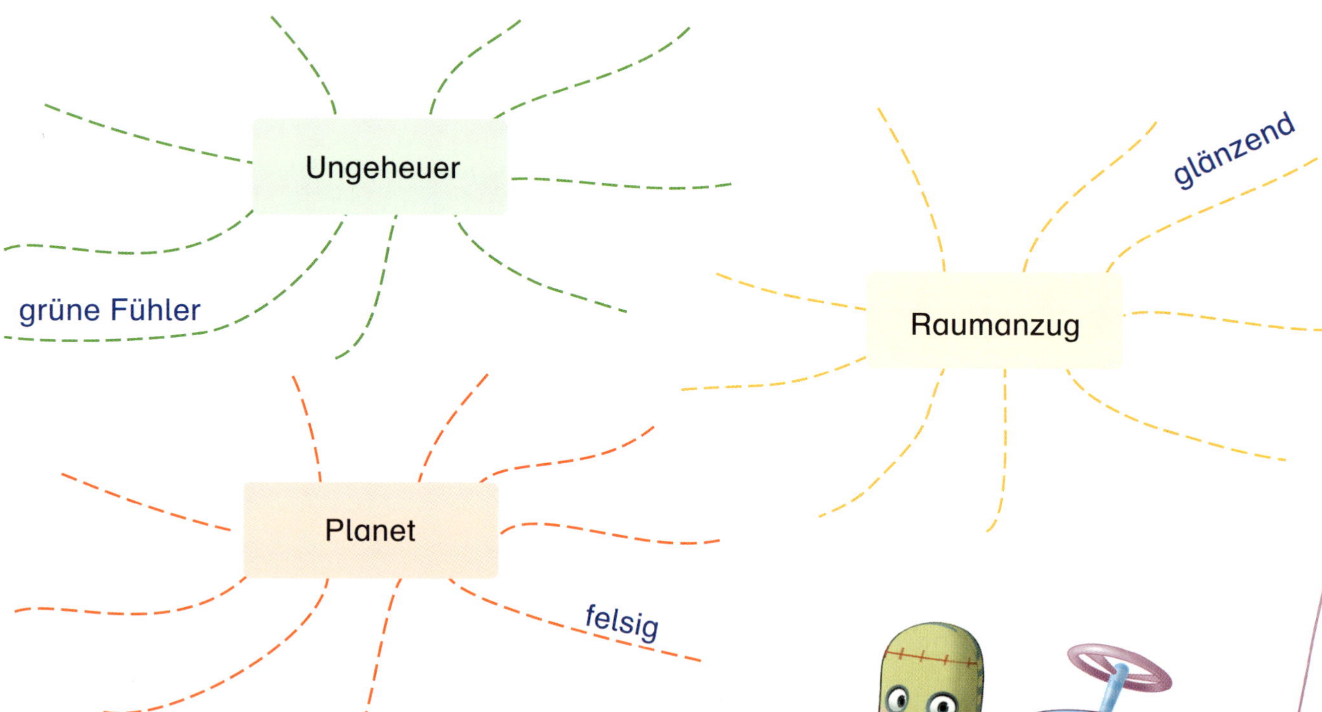

2 **Beantworte diese Fragen in Stichworten.**

Was ist der Inhalt deiner Geschichte? ....

....

Wann und **wo** soll die Geschichte beginnen? ....

....

Wie soll die Geschichte enden? ....

3 **An welcher Stelle soll deine Geschichte besonders spannend werden?**

4 **Johannes hat seine Geschichte auf Zettel geschrieben. Verbinde sie in der richtigen Reihenfolge. Umrande die Wörter Raumanzug, Ungeheuer und Planet.**

Vor einigen Jahren unternahm ich mit meinem Freund einen Weltraumausflug. Eines Tages wollte ich das Raumschiff verlassen und einen Planeten betreten.

Da sah ich plötzlich hinter einer Bergkuppe zwei grüne Fühler und spürte, dass ich beobachtet wurde. „Soll ich mich dem glänzenden Ungeheuer nähern?“, fragte ich mich aufgeregt.

Langsam schwebte ich weiter und sah entsetzt, dass eine riesige Gruppe von grünen Tierungeheuern auf mich zukam. „Sie sehen nicht gerade freundlich aus“, dachte ich beunruhigt. „Ich muss mich in die Raumkapsel retten.“ Verfolgt von den Monstern bewegte ich mich, so schnell ich konnte, zu dem schützenden Raumschiff.

Aufgeregt legte ich meinen silbernen Raumanzug an und schwebte langsam aus dem Raumschiff. Um mich herum sah ich nur die felsige Landschaft. Enttäuscht wollte ich schon zurückkehren.

Wir schafften es gerade noch rechtzeitig, mit unserer Kapsel zu starten. Freundlich winkten wir den immer kleiner werdenden grünen Lebewesen zu und verschwanden im Weltall. Noch lange erzählte ich von meinem aufregenden Abenteuer.

Treffende Wörter verwenden

Wissen und Verstehen

Mit treffenden Verben, ausschmückenden Adjektiven und zusammengesetzten Nomen wird eine Fantasiegeschichte anschaulich. Auch was die Personen denken und sprechen, interessiert die Leser und Leserinnen.

1 Lies die zusammengesetzten Nomen und entscheide: Wer oder was kann nicht fliegen? Kennzeichne farbig und schreibe auf.

....

der Flugdrachen
die Raumfähre
der Fallschirm
das Frachtflugzeug
der Flugplatz
der Wettersatellit
der Schleudersitz
die Raumkapsel
der Hubschrauber
der Doppeldecker
das Düsenflugzeug
der Heißluftballon
das Passagierflugzeug
das Segelflugzeug
der Jumbojet
die Abflughalle
der Fluglotse
das Raumschiff
der Düsenjäger
das Wasserflugzeug
das Transportflugzeug
der Papierflieger
das Luftschiff

2 Hast du Lust bekommen, deine eigene Geschichte zu den Wörtern aufzuschreiben?

Raumanzug Ungeheuer Planet

Benutze dazu deine Ideensammlung und deine Planung auf den Seiten 64 und 65. Schreibe den Hauptteil besonders ausführlich.
Was denken und sprechen die Personen in deiner Geschichte?

3 Ordne die Verben den Wortfeldern **fliegen**, **gehen** und **sehen** zu. Umrande die 5 Verben, die zu keiner dieser Gruppe passen.

schreiten beobachten schlendern gleiten
schweben erblicken düsen mustern
segeln stottern schreien flattern
eilen stammeln schwirren rasen humpeln
erspähen wandern schleichen schauen
wahrnehmen anblicken flüstern trampeln
bestaunen anstarren erwidern stapfen

Wortfeld **fliegen**:

Wortfeld **gehen**:

Wortfeld **sehen**:

Zu welchem Wortfeld gehören die umrandeten Verben?

Sätze überarbeiten

Wissen und Verstehen

Damit deine Geschichte abwechslungsreich wird, solltest du Wiederholungen vermeiden. Du kannst Satzglieder umstellen oder ersetzen.

Wir rannten zur Sporthalle. **Wir** zogen schnell unsere Schuhe aus.
Schnell zogen **wir** unsere Schuhe aus.

Die Lehrerin war schon da. **Die Lehrerin** holte die Bälle.
Sie holte die Bälle.

1 **Diese Sätze sind langweilig. Unterstreiche die Wiederholungen.**

Wir machten am Wochenende einen Ausflug. Wir fuhren schnell mit den Fahrrädern zum Fluss. Wir machten auf der großen Wiese ein Picknick. Wir verteilten den Kuchen und die Getränke. Da kam auch schon die erste Wespe. Da aßen wir alle ganz vorsichtig. Wir tranken nur mit dem Strohhalm. Danach spielten wir mit dem Ball. Danach radelten wir am Abend fröhlich nach Hause.

2 **Verbessere, indem du Satzglieder umstellst oder ersetzt.**
Kurze Sätze kannst du auch mit und verbinden.

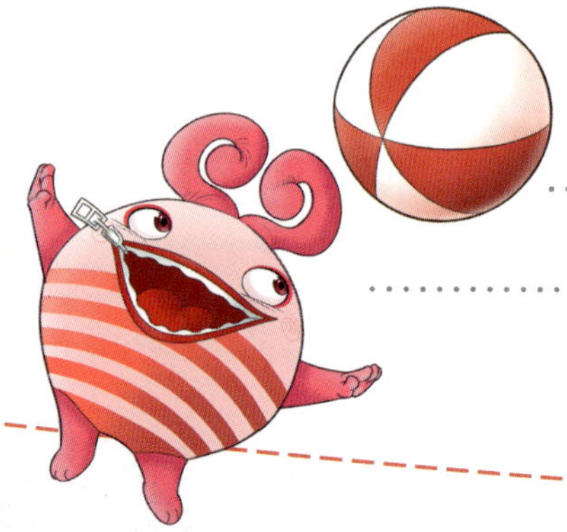

Kannst du eine Erzählung überarbeiten?

Am letzten Ferientag war ich mit meinem Bruder im Schwimmbad. Nachdem wir uns umgezogen hatten, rannten wir gleich zum Wasser. Bill wollte sich gleich hineinstürzen. Doch da passierte es. Auf den nassen Kacheln rutschte er aus und fiel auf seinen Ellenbogen. Er weinte. Der Bademeister kümmerte sich um ihn. Viele Leute schauten zu. Wir mussten wieder nach Hause, weil er am Arm blutete. Traurig kamen wir zu Hause an. Zum Glück war nichts gebrochen und nach einer Woche konnte Bill schon wieder schwimmen. **A B C D E F G**

Überlege:

- Besteht die Erzählung aus drei Teilen: Einleitung, Hauptteil, Schluss? **A**
- Beantwortet die Einleitung kurz die Fragen: wann? wo? wer? **B**
- Stehen im Hauptteil die Erzählschritte in der richtigen Reihenfolge? **C**
- Ist der Höhepunkt der Geschichte genau ausgearbeitet? **D**
- Wurde dabei auch die wörtliche Rede verwendet, um Gefühle, Gedanken und Äußerungen der Personen wiederzugeben? **E**
- Hat die Erzählung einen kurzen Schluss? **F**
- Hat die Erzählung eine Überschrift, die neugierig macht? **G**

Prüfe den Text und kreise die passenden Buchstaben auf der Trainingskarte ein. Trenne Einleitung, Hauptteil und Schluss mit einer Markierung: | .
Setze ein V an der Stelle ein, wo nach deiner Meinung ausführlicher erzählt werden muss.
Suche eine treffende Überschrift und schreibe sie über den Text.

Informationen sammeln

Wissen und Verstehen

In einem Sachtext kannst du über Personen, Tiere, Pflanzen, Dinge und Vorgänge genau informieren. Dazu werden zuerst Materialien und Informationen gesammelt. Eine Gliederung hilft, den Text in sinnvolle Abschnitte aufzuteilen.
Die Informationen sind allgemeingültig. Schreibe deshalb in der Gegenwart.

1 **Sieh dir die beiden Bilder auf Seite 71 genau an. Entscheide anschließend, zu welchem Hund diese Eigenschaften passen. Kennzeichne mit A (Afghane) oder mit B (Bernhardiner).**

kräftig, groß und muskulös B — groß, mit schmalem Brustkorb

seidiges, langes Haar — dichtes, glatt anliegendes Fell

weiße Farbe mit rotbraunen Flächen — breiter, gewölbter Schädel

rotbraune Farbe — schmaler Kopf mit langer Nase

kurze Schnauze — große, dreieckige Ohren

lange, schwere Rute (Schwanz) — Hängeohren mit Haaren bedeckt

2 **Ordne auch diese Eigenarten den beiden Hunden zu.**

bekannt als Rettungshund — außerordentliche Geschwindigkeit beim Rennen

unabhängig und stolz — guter Orientierungs- und Geruchssinn

treu und freundlich

Extrarunde

Hunde-Experten

Suche im Internet weitere Informationen zu den beiden Hunderassen Afghane und Bernhardiner.

3 **Beschreibe die beiden Hunderassen in ganzen Sätzen. Verwende dazu die Informationen von Seite 70.**

4 **Lies deine Tierbeschreibungen jemandem vor. Kann er die jeweilige Hunderasse ohne die Bilder erkennen?**

Extrarunde

Hunde-Rätsel

Kennst du diesen Hund?
Er ist klein und hat kurze, krumme Beine. Seine Haare können lang, glatt und rotbraun oder kurz und grau sein. Seine schwarzen Augen schauen manchmal etwas traurig. Er kann laut kläffen.

Eine Person beschreiben

Wissen und Verstehen

Eine Personenbeschreibung muss genau, sachlich und gut gegliedert sein.
Die Leserin oder der Leser möchte sich die Person gut vorstellen können.
Wird eine Person vermisst, hilft die Beschreibung der wichtigsten Merkmale, wie Geschlecht, Alter, Größe, Körperbau, Haar- und Augenfarbe, sie zu erkennen.
Mit zusammengesetzten Adjektiven kannst du genau beschreiben und vergleichen:

kastanienbraun kugelrund pechschwarz schneeweiß

1 **Ordne die Eigenschaften den beiden Personen zu. Umrande in der entsprechenden Farbe.**

blonde Haare

kastanienbraunes Haar

ovales Gesicht

zierlich

12 Jahre alt

kräftig

1,20 m groß

weiblich

männlich

1,80 m groß

Bart

35 Jahre alt

rundes Gesicht

graublaue Augen

Sommersprossen

dunkelbraune Augen

2 **Wähle eine der beiden Personen aus und ordne die wichtigen Merkmale zu.**

Geschlecht: ....

Alter: ....

Größe: ....

Körperbau: ....

Gesicht: ....

Haarfarbe: ....

Augen: ....

besondere Kennzeichen: ....

3 **Diese Merkmale können sich ändern. Beschreibe, wie deine Person auf dem Bild aussieht.**

Kleidung: ....

Schuhe: ....

Frisur: ....

4 **Du kannst kürzer beschreiben. Setze das passende zusammengesetzte Adjektiv ein.**

Der Dieb rannte .... an mir vorbei.
(so schnell wie der Blitz)

Er war .... und schien .... zu sein.
(so groß wie ein Riese) (so stark wie ein Bär)

Seine Haare waren ....
(so schwarz wie ein Rabe)

Er trug ein Hemd, das .... war.
(so blau wie der Himmel)

Vor Schreck war ich ....
(so weiß wie Kreide)

Eine Backanleitung schreiben

Wissen und Verstehen

In einer Anleitung wird erklärt, wie etwas hergestellt oder zubereitet wird.
In einem Koch- oder Backrezept werden zuerst alle wichtigen Zutaten aufgeführt.
Die einzelnen Arbeitsschritte müssen in der richtigen Reihenfolge genannt werden.
Treffende Verben und Fachbegriffe helfen, den Vorgang genau zu beschreiben.

1 **Lies die Backanleitung für Heidelbeer-Muffins. Nummeriere die einzelnen Arbeitsschritte in der richtigen Reihenfolge und unterstreiche die Verben.**

Zutaten: 250 g Heidelbeeren
Für den Teig: 300 g Weizenmehl, 3 TL Backpulver, 1 Prise Salz, 50 g Zucker, 1 Pck Vanillezucker, 1 Ei (Größe M), 250 ml Milch, 4 EL Speiseöl

Heidelbeeren waschen und mit Küchenpapier trocken tupfen.

Bei 160 °C (Heißluft) etwa 25 Minuten backen.

Mehl und Backpulver mischen und in eine Rührschüssel sieben.

Heidelbeeren vorsichtig unterheben. Den Teig in 12 Muffinsförmchen füllen.

Die restlichen Zutaten hinzufügen und mit einem Handrührgerät zu einem glatten Teig verarbeiten.

2 **Um nach dieser Vorlage Muffins zu backen, brauchst du auch Küchengeräte. Schreibe sie auf.**

....

....

3 **So kannst du deiner Freundin oder deinem Freund beschreiben, wie Muffins gebacken werden. Setze in dieser Arbeitsanweisung die treffenden Verben in der Befehlsform ein.**

Wasche die Heidelbeeren und .... sie mit einem Küchenpapier

.... Mehl und Backpulver und

.... es in eine Rührschüssel. .... die restlichen

Zutaten .... und .... alles mit einem Handrührgerät

zu einem glatten Teig. .... die Heidelbeeren vorsichtig

.... den Teig in Muffinsförmchen.

.... die kleinen Kuchen etwa 25 Minuten bei 160 Grad.

4 **Was bedeuten diese Abkürzungen? Sie werden oft in Rezepten benutzt. Erkläre.**

EL = ... TL = ...

Pck = ... °C = ...

ml = ... l = ...

g = ... kg = ...

Treffende Wörter auswählen

5 Lies diese Anleitung. Wähle in jedem Satz das Verb aus, das genau sagt, was zu tun ist. Umrande es.

Batiken

Ein weißes T-Shirt zu einer Wurst
machen drehen legen.

Paketschnüre fest um diese Rolle
wickeln fädeln geben.

Die Schnüre fest
zumachen verknoten binden.

Zum Schutz der Hände Gummihandschuhe
überziehen anlegen anbringen.

Den Stoff in die Schüssel mit Batikfarbe
werfen geben tauchen.

Erst nach dem Trocknen die Schnüre
aufreißen lösen wegmachen.

6 Mit Fachbegriffen kannst du etwas genau ausdrücken. Welche Bedeutung ist richtig? Kreuze sie an.

Batik

- ☐ ist ein Stromspeicher, der in tragbare Geräte eingesetzt werden kann.
- ☐ ist eine Aufführung auf der Bühne, in der eine Geschichte ohne Sprache gespielt wird. Ballare bedeutet tanzen auf Italienisch.
- ☐ ist ein Verfahren zum Färben von Stoff, bei dem durch Verwendung von Wachs oder durch Abbinden ein Muster entsteht.

Kannst du eine gute Personenbeschreibung erkennen?

☐ Frau Lehr sagt: „Der ziemlich große Mann hatte braune, kurze Haare. Er hat einen Mantel und weiße Schuhe getragen. Ich fand, er sah unfreundlich aus. Auch vom äußeren Eindruck hat er mir überhaupt nicht gefallen. Er war viel zu dick."

☐ Larissa sagt: „Der ungefähr 30-jährige Mann hatte kurzes, kastanienbraunes Haar. Seine Größe schätze ich auf 180 cm. Er hatte eine kräftige Figur und ein breites Gesicht. Seine Augen konnte ich nicht sehen. Sie waren von einer großen, dunklen Sonnenbrille bedeckt. Er trug einen dunkelgrauen, langen Wintermantel und weiße Sportschuhe."

Überlege:

- Ist die Personenbeschreibung genau und sachlich?
- Kannst du dir die Person gut vorstellen?
- Sind wichtige Merkmale beschrieben, wie Geschlecht, Alter, Größe, Körperbau, Haar- und Augenfarbe?
- Ist die Kleidung gut beschrieben?

Entscheide, welche der beiden Beschreibungen genauer und sachlicher ist. Kreuze sie an.
Unterstreiche in beiden Personenbeschreibungen die Aussagen, die helfen, die Person zu erkennen.

Schreibe die zusammengesetzten Adjektive und Nomen auf, die die Beschreibung genauer machen.

....

Eine Einladung schreiben

Wissen und Verstehen

In einem Brief kannst du etwas mitteilen, dich bedanken, Glückwünsche verschicken und noch vieles mehr. Diese Teile darfst du nicht vergessen:

den Absender, das Datum, die höfliche Anrede, den Gruß und die Unterschrift

In einer Einladung musst du Antworten auf diese Fragen geben:

Was findet statt? Wer lädt ein? Wann? Wo? Wie lange?

1 **Polli möchte eine Einladung zu ihrer Geburtstagsfeier schreiben. Lies die Notizen, die sie sich gemacht hat, damit sie keine wichtigen Informationen vergisst:**

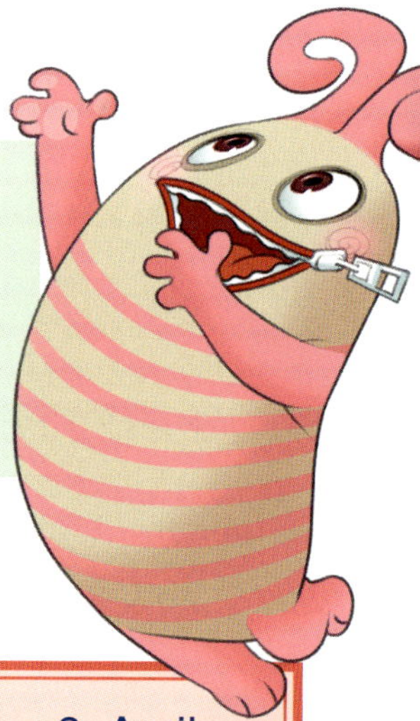

Gäste: Gump, Rumpel, Frula, Schnulli

Badesachen nicht vergessen

Treffpunkt: 15 Uhr am Schwimmbad

Samstag, 14. April

Um 19 Uhr werden alle nach Hause gebracht

Schreibe für Polli mit diesen Notizen eine Einladung.

8. April

Liebe ....,

zu meiner Geburtstagsfeier

2 **Felix nimmt einen Anruf für seine Mutter entgegen, da sie nicht zu Hause ist. Lies, was gesprochen wurde, und unterstreiche die drei wichtigen Informationen.**

„Hallo, hier ist Frau Schmitt. Könntest du deiner Mutter ausrichten, dass der Englischkurs heute eine Stunde früher beginnt, weil ich noch einen anderen Termin habe, also schon um 18 Uhr? Außerdem soll sie heute ausnahmsweise ihr Wörterbuch mitbringen, wir brauchen es dringend. Wenn deine Mutter noch bitte Frau Lenz Bescheid geben könnte, dann brauche ich nicht überall anzurufen.
Vielen Dank! Und vergiss nicht, es ihr zu sagen! Tschüss.“

„Ich werde es ihr aufschreiben. Ich muss nämlich gleich zum Handballtraining. Tschüss!“

3 **Schreibe die Nachricht von Felix an seine Mutter auf.**

Hallo Mama,

um 15 Uhr hat Frau ....

Die Reihenfolge beachten

4 **Auf dieser Postkarte ist alles durcheinandergeraten. Ordne das Datum, die Anrede, den Inhalt, den Gruß und den Absender in der richtigen Reihenfolge. Die richtig geordneten Lösungsbuchstaben sagen dir, wo Anke in den Ferien ist.**

	an meinem Ferienort gefällt es mir sehr gut.	t
	Liebe Grüße	o
	Hallo Tine,	ei
1	Anschließend reiten wir über die Felder aus.	r
	5.7.2014	R
	Wir stehen schon früh auf und helfen im Stall.	e
	Deine Anke	f
	Ich freue mich, Dich bald wiederzusehen.	h

5 **Setze die Teile der Adresse in der richtigen Reihenfolge zusammen.**

63458 Neuburg

Tine Laubershein

Bergstraße 15

Kannst du erkennen, ob die Einladung vollständig ist?

Hallo liebe Freunde!
Kommt alle zu unserer lustigen Aufführung
„Sommerkonzert der Sorgenlos-Band"!

Um 16 Uhr geht auf dem Marktplatz die Post ab.

Wir haben fleißig geübt.
Jetzt freuen wir uns auf viele Zuschauer.

Eure Sorgenlos-Band

Überlege:

- Sagt die Einladung, **was** stattfindet?
- Informiert sie darüber, **wer** einlädt?
- Erfährt man, **wann**, **wo** und **wie lange** die Aufführung stattfindet?

Umrande auf der Trainingskarte die Informationen, die auf die Fragen was?, wer?, wann?, wo? und wie lange? eine Antwort geben.

Welche beiden Angaben fehlen?

....

Ergänze sie in der Einladung. Du kannst dir etwas Passendes ausdenken.

Piktogramme verstehen

Wissen und Verstehen

Bilder oder Zeichen, die eine bestimmte Bedeutung haben, nennt man Piktogramme. Jeder kann sie leicht verstehen. Sie helfen den Menschen, sich auch in einem anderen Land zurechtzufinden.

 – Restaurant

 – Telefon

1 Jedes dieser Piktogramme gehört zu einer Sportart. Verbinde jedes Zeichen mit der richtigen Bedeutung.

Reiten

Bogenschießen

Schwimmen

Skaten

Tanzen

Laufen

Fechten

2 Die folgenden Piktogramme werden in Fahrplänen verwendet. Sie zeigen an, welche besonderen Möglichkeiten es in einem Zug gibt. Verbinde die Zeichen mit der passenden Bedeutung. Zwei Begriffe bleiben übrig.

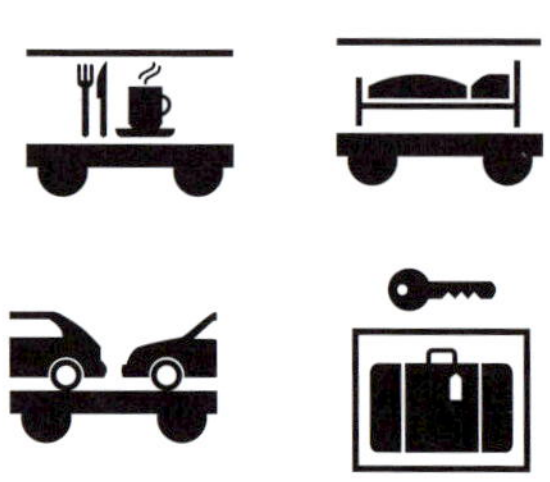

Autoreisezug

Schlafwagen

Speisewagen

Nichtraucher-Abteil

Schließfach

Fahrrad-Mitnahme

Extrarunde

Piktogramme entwerfen

Gestalte dein eigenes Piktogramm für deine Lieblingssportart.

Wissen und Verstehen

In einer Tabelle kannst du viele Einzelheiten auf einen Blick erkennen.
Jede Tabelle hat Zeilen ⟶ und Spalten ↓. In eine Tabelle können Wörter, Zahlen oder Striche eingetragen werden.

1 **Diese Tabelle zeigt dir, welche Haustiere die Kinder der 3. Klassen in der Steinbachschule haben. Sieh sie dir genau an und beantworte dann die Fragen.**

<table>
<tr><th>Klasse</th><th>Hamster</th><th>Vogel</th><th>Hase</th><th>Hund</th><th>Katze</th><th>Meer-schwein chen</th></tr>
<tr><td>3a</td><td>||</td><td>|</td><td>—</td><td>||||</td><td>||</td><td>|||</td></tr>
<tr><td>3b</td><td>—</td><td>||</td><td>|</td><td>|||</td><td>—</td><td>||</td></tr>
<tr><td>3c</td><td>|</td><td>|||</td><td>|||</td><td>||</td><td>|||</td><td>|</td></tr>
</table>

Welche Klasse hat die meisten Tiere? ....

Welche Tiere sind in dieser Schule am beliebtesten? ....

Wie viele Kinder haben einen Hund? ....

Von welchen Tierarten gibt es gleich viele? ....

2 **In dieser Tabelle kannst du erkennen, was die Kinder der Klasse 3c als Pausenfrühstück mitgebracht haben.**

Käsebrot	Süßigkeiten	Obst	Joghurt	Kuchen
18	2	14	9	4

Wäre die Schulzahnärztin mit dieser Klasse zufrieden? Kreuze an.

☐ ja ☐ nein

Wissen und Verstehen

Eine Anleitung hilft beim Basteln, Kochen oder Backen. In ihr wird erklärt, wie du etwas herstellen oder zubereiten kannst. Koch- oder Backanleitungen werden Rezepte genannt. Spiele werden durch eine Spielanleitung erklärt.

1 **Diese Anleitung zeigt dir, wie du einen Wurfball basteln kannst. Du erfährst, was du dazu brauchst und wie du vorgehen musst. In jedem Satz fehlt ein Wort. Setze es ein.**

Nimm ein Stück .... und eine Schere.

Schneide den Stoff möglichst .... aus.

Als Füllung kannst du Sand, ... oder etwas Ähnliches benutzen.

Mit einem Band musst du nun den Stoff fest ....

Jetzt kannst du noch viele bunte Bänder daran ....

Viel Spaß beim Spielen!

Stock rund Riese befestigen rot Reis
Stoff zubinden befürchten zuschlagen

Kannst du Bilder und Zeichen lesen?

Sportarten der 3. Klassen in der Steinbachschule

Klasse	Schwimmen	Ballett	Fußball	Basketball	Leichtathletik	Turnen
3a	𝍸 ||		𝍸 𝍸	||	𝍸 |||	|||
3b	||||	𝍸 |	𝍸 ||||	|||	||||	||
3c	𝍸	|||	𝍸 𝍸 ||||		||	||||

Überlege:

- Verstehe ich, was die Tabelle zeigt?
- Verstehe ich, was in den Zeilen und Spalten steht?
- Habe ich jede Zeile und jede Spalte gründlich geprüft?

Markiere auf der Trainingskarte:

die beliebteste Sportart in jeder Klasse ____________ ,
die am zweithäufigsten genannte Sportart in jeder Klasse ____________ ,
die Klasse, in der die meisten verschiedenen Sportarten ausgeübt werden ____________ .

Markiere außerdem:

die Sportart, die von den wenigsten Kindern betrieben wird, mit einem **X**,
die Klasse, in der kein Kind Basketball spielt, mit einem **0**.

Welche Sportart gefällt dir am besten?

....

....

....

Bild und Text zuordnen

Wissen und Verstehen

Beim Lesen musst du aufmerksam sein und genau auf alle Wörter und Sätze achten. Wenn du die dazugehörenden Bilder betrachtest, kannst du leicht entscheiden, welche Texte zu welchem Bild passen.

1 **Lies jeden Textabschnitt genau durch und entscheide, zu welchem Bild er passt. Schreibe die Nummer des Textes in das Kästchen auf dem passenden Bild.**

1 Überall auf der Welt gibt es Vögel, insgesamt etwa 8000 verschiedene Arten. Der kleinste Vogel ist der Kolibri. Manche Kolibris wiegen nur 2 Gramm. Sie sind kaum größer als ein Käfer oder eine Hummel.

2 Landtiere und Menschen wachsen nur, bis sie ihre bestimmte Größe erreicht haben. Fische jedoch wachsen ihr ganzes Leben lang. Sie bekommen aber keine neuen Schuppen, sondern die vorhandenen Schuppen wachsen mit.

3 Alle Vögel legen Eier. In den Eiern wachsen die Küken. Sie schlüpfen aus, wenn ihr Körper fertig entwickelt ist. Dazu pieksen sie an mehreren Stellen kleine Löcher in die Schale und drücken sie dann langsam auseinander.

4 Menschen brauchen Zähne, um ihre Nahrung zu zerkleinern. Wenn ein Zahn ausgefallen ist, bleibt eine Lücke. Beim Haifisch rückt in die Lücke sofort ein neuer Zahn nach. Einem Tigerhai können in zehn Jahren bis zu 1400 neue Zähne wachsen.

2 Sieh dir das Bild gut an. Lies dann alle Texte und kreuze auf jeder Karte den Satz an, der zum Bild passt.

Im Eisbecher sind vier Kugeln Eis. ☐
Im Eisbecher sind drei Kugeln Eis. ☐

Saggo streicht das Klettergerüst grün an. ☐
Saggo streicht das Klettergerüst blau an. ☐

Ed spielt auf einer Trompete. ☐
Ed spielt auf einer Flöte. ☐

Enno bietet Ernst seine Hilfe an. ☐
Enno bietet Ernst keine Hilfe an. ☐

Die Sorgenfresser spielen auf der Wiese Fußball. ☐
Die Sorgenfresser spielen auf dem Weg Fußball. ☐

Sätze ordnen

3 In diesem Text sind die Zeilen durcheinandergeraten. Lies alles erst einmal durch, ordne dann die Zeilen. Schreibe die Zahlen 1 bis 5 in die Kästchen.

☐ Heute wollen Frula und Polli ins Schwimmbad gehen.

☐ Nun kann es endlich losgehen.

☐ Danach verabschieden sie sich von den anderen und steigen auf ihre Fahrräder.

☐ Dann holen sie noch Sonnencreme und Geld für den Eintritt.

☐ Zuerst packen sie ihre Badesachen ein.

4 In diesem Text müssen die Sätze zusammengesetzt werden. Verbinde jeweils eine Karte der linken Seite mit einer auf der rechten Seite.

Baderegeln

Sonnencreme, Kappe und Kleidung	solltest du nicht viel essen.
Vermeide unbedingt einen Sonnenbrand,	kannst du den Ausflug ins Schwimmbad genießen.
Direkt vor dem Baden und Schwimmen	schützen dich vor zu viel Sonne.
Du musst dich nach dem Schwimmen	weil deine Haut davon krank werden kann.
Wenn du diese Baderegeln befolgst,	immer wieder eincremen.

Bist du fit?

Kannst du Wörter und Sätze genau lesen?

InunsererKasseKlassetreibenvieleKinderSport.
FastalleJungenspielenspülengerneFußball.
BeidenMädchenistSchwimmendiebeleibtestebeliebtesteSportart.
MancheSportartenSportkartenmögennurganzwenigeKinder.
VolleyballundVölkerballspieleninderSchulealleaItegleichgern.
LeichtathletikwirdvonMädchenundJungengernegebrachtgemacht.

Überlege:

- Habe ich die einzelnen Wörter erkannt?
- Habe ich den Satz genau gelesen?
- Habe ich auf falsche oder überflüssige Wörter geachtet?
- Kann ich den Satz als Ganzes verstehen?

Trenne auf der Trainingskarte in jedem Satz die Wörter durch Striche voneinander ab. In jedem Satz steckt ein falsches Wort. Streiche es durch.

Schreibe die beiden ähnlichen Wörter aus jedem Satz heraus. Markiere im richtigen Wort den Unterschied.

richtig	falsch
....	....
....	....
....	....
....	....
....	....
....	....

Schlüsselwörter unterstreichen

Wissen und Verstehen

Wenn du aus einem Text Informationen entnehmen willst, hilft es, wichtige Wörter zu markieren. Das sind die Schlüsselwörter.
Noch mehr Informationen erhältst du, wenn du Fragen an den Text stellst:

Wer? Was? Wie? Wann? Wo? Womit? Warum?

1 **Lies den Text genau und unterstreiche die Schlüsselwörter mit unterschiedlichen Farben. Kreuze in der Tabelle den richtigen Namen an.**

Viktor und Murat sind gute Freunde. Sie machen viel zusammen, aber sie sind auch sehr verschieden. Viktor liebt Sport, er spielt gerne Hockey und geht regelmäßig zum Turnen. Murat fährt gern Fahrrad, aber andere Sportarten mag er gar nicht. Er bastelt gern und liest viele Bücher über Forscher und Entdecker. Er interessiert sich auch für Meerestiere, vor allem für Unterwasserlebewesen. Viktor dagegen findet Hasen und Katzen zwar süß, interessiert sich aber mehr für Detektivsendungen und Krimis im Fernsehen.

	Viktor	Murat
Er interessiert sich nicht besonders für Sport.		
Er ist eine Leseratte.		
Er ist körperlich gut trainiert.		
Ihm gefällt es, zu basteln.		

2 **Welchem der beiden Freunde würdest du diese Dinge schenken? Kreuze an.**

	Viktor	Murat
Ein Buch über Kraken und Seeigel		
Eine Eintrittskarte für einen Triathlon-Wettkampf		
Das Buch „Kommissar Schnüffelnase weiß Bescheid“		

3 **Lies den Text aufmerksam durch.**

Fledermäuse sind die einzigen fliegenden Säugetiere. Sie schlafen am Tag und sind nachts unterwegs, um Beute zu fangen. Ihre Beutetiere sind Insekten, kleine Nagetiere und Vögel, aber auch Frösche und Fische. Nur die wenigsten von ihnen ernähren sich von Blut. Sie finden ihren Weg und ihre Beute durch das Echo von sehr hohen Ultraschallgeräuschen, die sie im Flug ausstoßen. Für uns Menschen sind diese Töne nicht hörbar. Zum Ausruhen und Schlafen hängen sie sich mit dem Kopf nach unten und klappen ihre weichen Flügel zusammen.

Lies die Fragen und unterstreiche die passenden Stellen im Text.
Kreuze die richtige Antwort an.

Zu welcher Gruppe gehören Fledermäuse?

Insekten ☐ Säugetiere ☐

Wann schlafen Fledermäuse?

in der Nacht ☐ am Tag ☐

Was fressen Fledermäuse gern?

Mäuse und Käfer ☐ Schnecken und Würmer ☐

Wie viele Fledermausarten ernähren sich von Blut?

viele ☐ wenige ☐

Womit orientieren sich Fledermäuse?

mit Radar ☐ mit Ultraschall ☐

Warum können Menschen die Fledermausgeräusche nicht hören?

Menschen können Ultraschall nicht hören ☐ Fledermäuse machen keine Laute ☐

Wie schlafen die Fledermäuse?

kopfüber ☐ zusammengerollt ☐

Wissen und Verstehen

Die Informationen, die du in einem Text findest, helfen dir auch, fehlende Wörter zu ergänzen oder passende Begriffe zu finden. Dabei musst du genau lesen und dir alles gut merken.

1 Lies den Text genau. Ergänze dann in den Sätzen die fehlenden Wörter.

Papierherstellung aus Altpapier

Fast ein Drittel des Papiers, das wir verwenden, wird aus Altpapier hergestellt. Das gesammelte Altpapier wird in der Papierfabrik zunächst in Pappe und Papier getrennt. Dann wird das Papier klein zerhäckselt und mit Wasser vermischt, bis es ein zäher Brei geworden ist. Aus diesem Brei werden nun noch Heftklammern und andere Fremdkörper entfernt. Danach wird die alte Farbe herausgewaschen, damit das Papier später möglichst hell aussieht. Nun wird der Papierbrei mit viel Wasser verdünnt und auf großen Bahnen zum Trocknen ausgebreitet. Nach dem Trocknen kann man das Papier wieder neu verarbeiten.

In der Fabrik wird das kleingehäckselte Papier zuerst mit ....

vermischt. So erhält man einen zähen .... Dann wäscht man die

.... heraus und entfernt noch vorhandene ....

Der Brei wird nun mit Wasser .... und muss nur noch

.... werden.

Farbe | getrocknet | Wasser | Fremdkörper | Brei | verdünnt

2 Lies den Text unten ganz genau durch.
Male dann alles in den richtigen Farben an und ergänze, was noch fehlt.

Herzlichen Glückwunsch! Flint hat heute sein erstes Autorennen gewonnen. In der Hand hält er den roten Pokal, auf dem in grünen Buchstaben 1. Platz steht. Sein blaues Auto hat ein paar Matschspritzer abbekommen. Aber die gelbe Drei, die drei schwarzen Totenköpfe darum herum und der silberne Anker sind noch gut zu erkennen. Im Auto liegt der Blumenstrauß, den Flint gleich am Ziel bekommen hat. An den roten Propeller hat jemand hellblaue Schleifen gebunden.
Flints grüne Augen leuchten! Vielleicht hatten die Gegner ja Angst vor ihm? Mit seinen roten Hörnchen und der schwarzen Augenklappe sieht er nämlich richtig gefährlich aus. An seinen beigen und brauen Streifen konnte man ihn überall auf der Strecke sofort erkennen.

Text und Bild vergleichen

Wissen und Verstehen

Ebenso, wie du aus einem Text Informationen entnehmen kannst, kannst du sie auch in Bildern finden. Durch genaues Vergleichen von Text und Bild kannst du Unterschiede oder Fehler entdecken.

1 **In dem folgenden Text sind einige Dinge anders als auf dem Bild. Unterstreiche sie.**

Zwei Jungen und drei Mädchen basteln.
Das Mädchen mit dem rosa Kleid schneidet in ein blaues Papier.
Ein Kind am Tisch hat schwarze Locken.
Die Lehrerin schaut den beiden Jungen zu.
An der Wand hängt ein Bild von einem Löwen.
Auf dem Tisch liegt eine Zeitung.
Das Kind mit der blauen Schere hat kurze Haare.

2 **Beantworte diese Fragen zu dem Bild.**

Malen die Kinder mit Wasserfarben? ....

Steht ein blaues Farbtöpfchen auf dem Tisch? ....

Schneidet ein Mädchen mit der linken Hand? ....

3 Lies den Text genau durch.

Im menschlichen Körper befinden sich überall Blutadern, die alle Organe mit frischem Blut versorgen. Wenn man sich stößt, werden kleine Adern direkt unter der Haut verletzt. Blut läuft heraus und sammelt sich an dieser Stelle um das verletzte Blutgefäß herum. Wir können so ein Blutgerinnsel als „blauen Fleck“ sehen.
Wenn man sich am Kopf stößt, entsteht eine Beule, weil die Knochen dicht unter der Haut liegen. Das herausgelaufene Blut hat daher nur sehr wenig Platz, sich auszubreiten. Wenn die Beule gekühlt wird, lässt der Schmerz nach und die Blutgefäße können sich schneller wieder zusammenziehen. Wird bei einem Stoß die Haut verletzt, läuft das Blut aus den Adern heraus und spült dabei den Schmutz weg. So können keine Krankheitserreger in den Körper eindringen.

Welche Antwort ist richtig? Kreuze sie an.

Woraus besteht eigentlich ein blauer Fleck?

☐ aus verletzten Muskelfasern

☐ aus einer erweiterten Ader

☐ aus ausgelaufenem Blut neben einer Ader

Warum kann am Kopf eine Beule entstehen?

☐ weil der Knochen anschwillt

☐ weil ausgelaufenes Blut dort wenig Platz hat

☐ weil die Blutgefäße sich ausdehnen

Was bewirkt etwas Kaltes auf einer Beule?

☐ sie wird vor weiteren Verletzungen geschützt

☐ sie kann sich nicht entzünden

☐ sie tut nicht so weh und wird nicht so groß

Warum blutet man bei einer Verletzung?

☐ damit der Schmutz aus der Wunde gespült wird

☐ damit die Wunde gewärmt wird

☐ damit man auf die Wunde aufmerksam wird

Textabschnitte ordnen

Wissen und Verstehen

Wenn du die Teile eines Textes ordnen willst, solltest du besonders auf die Satzanfänge achten. An ihnen erkennst du, ob der Satz am Anfang, in der Mitte oder am Schluss des Textes steht.

1 **In diesem Text sind die einzelnen Abschnitte durcheinandergeraten. Nummeriere in der richtigen Reihenfolge.**

Zuerst legt die Libelle ihre Eier an einen Stängel oder eine Blattunterseite an einem Teich oder Bach. Aus den Eiern schlüpfen die Larven und kriechen sofort ins Wasser.

Danach schlüpft die fertige Libelle in den frühen Morgenstunden. Sie beißt ein Loch in die Larvenhülle und zwängt sich langsam heraus. Vorsichtig schiebt sie ihren langen Hinterleib auseinander.

Am Schluss trocknet sie in der Sonne und erhält dadurch ihre kräftige Farbe. Wenn sie getrocknet ist, breitet sie ihre zwei Paar durchsichtigen Flügel auseinander und fliegt davon.

Nun verbringen die Larven lange Zeit im Wasser. Sie fressen Kaulquappen und Insekten. Sie wachsen schnell und verwandeln sich in der Larvenhülle zur fertigen Libelle.

Sobald die Larven ihre volle Größe erreicht haben, kriechen sie an Pflanzenteilen aus dem Wasser heraus. Sie klammern sich an der Pflanze fest.

Bist du fit?

Kannst du Informationen aus einem Text entnehmen und verstehen?

Aliki und Selina gehen zum Sport

Aliki und Selina sind gute Freundinnen. Sie wohnen im selben Haus und jeden Dienstag gehen sie beide zum Sport. Aliki nimmt natürlich ihren Hockeyschläger mit. Selina braucht auch einen Schläger zum Tennisspielen, aber der sieht ganz anders aus. Auch ihr Tennisball hat eine andere Größe und ein anderes Gewicht als der Hockeyball, den Aliki braucht. Beim Hockeyspielen sind auch Schienbeinschützer notwendig. Die braucht Selina nicht, aber sie benutzt regelmäßig Schweißbänder und ein Stirnband. Außerdem brauchen beide Mädchen noch gute Sportschuhe.

Überlege:

- Habe ich aufmerksam und genau gelesen?
- Habe ich die Schlüsselwörter erkannt und unterstrichen?
- Habe ich mir Einzelheiten gemerkt?

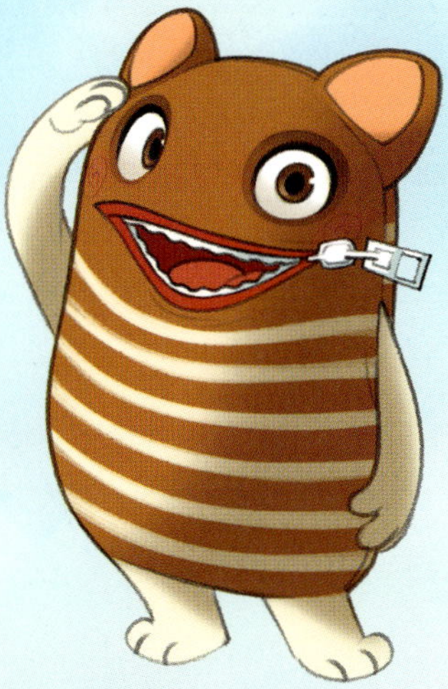

Unterstreiche auf der Trainingskarte:

alles, was Aliki für ihren Sport braucht, grün,

alles, was Selina mitnehmen muss, gelb.

Was bekommt zwei Farben?

....

Gehst du auch zum Sport? Was nimmst du mit?

....

....

Wissen und Verstehen

Wenn du einen Text verstehen willst, musst du beim Lesen gut mitdenken und dir viele Einzelheiten merken. Wenn du Schlüsselwörter unterstreichst und Stichwörter herausschreibst, kannst du Fragen zum Text gut beantworten.

1 **Lies dir den Text genau durch. Markiere wichtige Wörter und beantworte danach die Fragen.**

Eine Spinne hat an ihrem Hinterleib Drüsen, in denen sie die Flüssigkeit für ihre Fäden produziert. Bei Berührung mit Luft werden sie sofort fest. Spinnenfäden sind fester als ein Stahldraht von derselben Dicke. Für ein großes Netz produziert die Spinne bis zu 30 Meter hauchdünne Seidenfäden. Dabei verwendet sie zwei verschiedene Fäden. Die Mitte des Netzes und alle Verbindungsfäden von der Mitte nach außen stellt sie aus trockenen Fäden her. Die klebrigen Fäden benutzt sie nur für die kleinen Felder dazwischen. So kann sie auf ihrem Netz herumlaufen, ohne selbst daran kleben zu bleiben.

Wie lange dauert es, bis die Fäden der Spinne fest werden?

- [ ] Sie werden nach einigen Minuten fest.
- [ ] Sie kommen schon als fester Faden aus dem Körper der Spinne.
- [ ] Sie werden bei Berührung mit Luft fest.

Warum bleibt die Spinne nicht an ihrem Netz kleben?

- [ ] weil die Fäden verschiedene Farben haben
- [ ] weil sie genau weiß, wo es klebrig ist und wo nicht
- [ ] weil sie dafür zu leicht ist

Wie stabil sind die Spinnenfäden?

- [ ] so fest wie ein Baumwollfaden
- [ ] so fest wie ein Stahldraht
- [ ] so fest wie ein menschliches Haar

2 Lies den Text.

Die Sorgenfresser machen heute einen Ausflug. Sie sind schon 10 Minuten unterwegs, als Om plötzlich ruft: „Oh nein, ich habe ja meinen Rucksack vergessen!“ Frula kommt zu Om. „Das ist doch hoffentlich nicht dein Ernst“, sagt sie mit ärgerlichem Gesicht. „Leider doch, es tut mir wirklich leid“, antwortet Om kleinlaut. „Und was stellst du dir jetzt vor, wie es weitergeht?“, fragt Frula. Om guckt auf den Boden und zuckt mit den Schultern.
Da meldet sich Betti. „Ich kann superschnell rennen! Ich könnte zurücklaufen und Oms Rucksack holen!“ Om lächelt Betti ungläubig an und Frula sagt: „Das wäre sehr nett von dir! Wir warten hier auf dich!“
Aber das hört Betti nicht mehr, sie ist schon losgerannt.

Beantworte die Fragen. Schreibe Stichwörter auf.

Was hat Om vergessen? ....

Wie lange sind die Sorgefresser schon unterwegs? ....

Wer hilft? ....

Wohin rennt Betti? ....

Warum rennt Betti zurück? ....

3 Was bedeuten diese Wörter aus der Geschichte oben? Kreuze an.

kleinlaut

- ☐ winzig
- ☐ leise
- ☐ verlegen

ungläubig

- ☐ man kann es fast nicht glauben
- ☐ man weiß es besser
- ☐ man will erst noch mal fragen

Eine eigene Meinung bilden

Wissen und Verstehen

Um einen Text richtig zu verstehen, musst du dir beim Lesen alles gut vorstellen. Du kannst dir überlegen, wie die Person im Text sich fühlt oder warum sie etwas gesagt oder getan hat. Überlege auch, wie du das selbst findest, und bilde dir eine eigene Meinung.

1 **Lies den Text.**

Sophia und Simon sitzen in der Schule nebeneinander. Sie unterhalten sich über ihre Lehrerin.
„Ich glaube, Frau Berger mag mich nicht", sagt Simon.
„Warum glaubst du, dass sie dich nicht mag?", fragt Sophia. „Das ist doch Quatsch! Sie mag uns alle gleich gern."
„Weil sie mich fast nie drannimmt, darum glaube ich das. Immer muss ich viel länger warten als die anderen, bis ich mal was sagen kann", antwortet Simon.
Sophia sagt: „Das stimmt nicht. Du musst nicht länger warten als die anderen. Das bildest du dir nur ein. Schließlich sind wir 28 Kinder in der Klasse, da müssen alle lange warten, bis sie drankommen."
Simon meint: „Natürlich, da hast du recht. Aber Cem und Nazife nimmt sie viel öfter dran als die anderen, das musst du zugeben."
„Das stimmt", antwortet Sophia. „Aber die beiden sind noch nicht lange in Deutschland und brauchen viel mehr Hilfe als du und ich."

Überlege, wie sich Simon fühlt. Kreuze passende Wörter an.

traurig	☐	ärgerlich	☒
froh	☐	stolz	☐
wütend	☐	gelangweilt	☒

2 **Wie findet Simon das Verhalten seiner Lehrerin? Kreise das treffende Adjektiv ein.**

freundlich   böse   (ungerecht)   höflich

3 Sophia glaubt, dass es richtig ist, wenn die Lehrerin Cem und Nazife öfter aufruft als die anderen Kinder. Warum tut die Lehrerin das nach Sophias Meinung?

☐ Weil sie Cem und Nazife am liebsten hat.

☒ Weil Cem und Nazife mehr Hilfe brauchen als die anderen.

☐ Weil sie Cem und Nazife zeigen will, dass sie noch viel lernen müssen.

4 Warum verhält sich die Lehrerin so? Kreuze in jeder Spalte an, was deiner Meinung nach zutrifft.

Die Lehrerin will Cem und Nazife ...	stimmt	stimmt vielleicht	stimmt nicht
... zeigen, dass sie sie gern hat.		X	
... beweisen, dass sie zu wenig können.			X
... helfen, Freunde zu finden.	X		
... bei den Aufgaben helfen.	X		
... zum Sprechen ermuntern.		X	
... lächerlich machen.			X

5 Hier stehen einige Meinungen zum Verhalten der Lehrerin. Ist deine Meinung dabei? Dann kreuze sie an.

☐ Die Lehrerin macht es gut, weil Cem und Nazife viel sprechen müssen.

☐ Die Lehrerin macht es nicht gut, weil Cem und Nazife dadurch Angst bekommen.

☐ Die Lehrerin macht es gut, weil sie Cem und Nazife zeigt, dass sie ihnen helfen will.

☒ Die Lehrerin sollte Cem und Nazife ganz in Ruhe lassen, bis sie sich selbst melden.

Verhalten verstehen

6 **Wie kam es zu dem Streit? Lies die Erklärungen der beiden Jungen genau durch.**

Nach der Pause herrscht große Aufregung im Klassenzimmer. David und Marius sind wütend.
„Was ist denn passiert?“, fragt der Lehrer.

David: „Wir wollten in der Pause endlich mal allein Fußball spielen. Marius rennt uns immer nach! Immer muss er sich aufdrängen! Alle waren sich einig, dass er nicht mitspielen soll. Dann hab ich’s ihm einfach nur gesagt, ich hab überhaupt nichts gemacht und er hat ohne Grund angefangen, zu schlagen.“

Marius: „Alle wollten in der Pause Fußball spielen. Da darf schließlich jeder mitspielen. Keiner hat das Recht, andere auszuschließen! David hat mir gar nichts zu befehlen! Ich hab überhaupt nichts gemacht und plötzlich kommt er und will mich wegjagen. Er hat angefangen, ich hab mich nur verteidigt.“

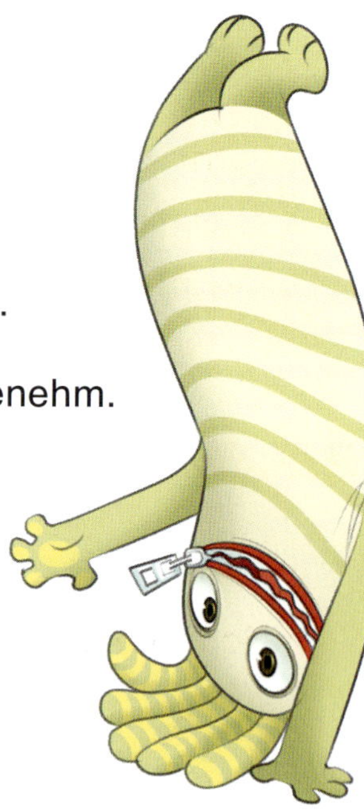

Was stimmt? Kreuze an. Es gibt mehrere Möglichkeiten.

- [ ] David kann Marius nicht leiden.
- [ ] Er will entscheiden können, mit wem er spielt und mit wem nicht.
- [ ] Er findet Marius’ Art, immer dazuzukommen, einfach nur unangenehm.
- [ ] Er will der Chef sein.

- [ ] Marius will, dass alle zusammen spielen.
- [ ] Er will David zeigen, dass der nichts zu bestimmen hat.
- [ ] Er will David bei der Lehrerin anschwärzen.
- [ ] Er bewundert David und will unbedingt mit ihm zusammen sein.

Extrarunde

Streit schlichten

Wie könnte der Streit geschlichtet werden? Schreibe deinen Vorschlag auf.

Kannst du einen Text verstehen?

Jakob

Jakob springt fröhlich in der Wohnung herum. Gerade ist seine Oma angekommen und die liebt er sehr. Er besucht sie auch gerne. Am meisten mag er es, wenn er den alten Hund Dobbie ausführen darf. Dann spaziert er ganz stolz mit ihm durch die Gegend.

„Oma, ich gehe jetzt jede Woche zum Turnen, das macht mir total viel Spaß!“, erzählt er fröhlich. Oma fragt: „Ich dachte, alle Jungen spielen Fußball?“ „Nein“, ruft Jakob, „nicht alle! Ich kann Fußball nicht leiden.“

„Und was gefällt dir noch außer Turnen?“, will die Oma wissen. „Inliner fahren“, erklärt Jakob. „Aber dann finde ich doof, dass ich noch nicht viele Tricks kann. Und die großen Kinder auf dem Schulhof machen sich dann immer über mich lustig. Das ärgert mich!“

„Sind die Großen denn die ganze Zeit unfreundlich zu dir? Willst du lieber woanders Inliner fahren?“, fragt Oma. „Nein, oft sind sie auch sehr nett! Manchmal loben sie mich, wenn ich etwas gut gemacht habe. Dann freue ich mich und bin auch ein bisschen stolz.“ „Das kannst du auch ruhig sein“, lacht Oma und streicht ihm über den Kopf.

Überlege:

- Habe ich Schlüsselwörter unterstrichen?
- Habe ich mir Einzelheiten gemerkt?
- Kann ich mir alles gut vorstellen?
- Habe ich eine eigene Meinung zu dem Text?

Unterstreiche auf der Trainingskarte alle Stellen, an denen du erfährst, wie Jakob sich fühlt.

Wie fühlst du dich jetzt gerade? Beschreibe.

....

....

Abschlusstest

Lies zuerst den Arbeitstext. Bearbeite dann jede Testaufgabe.
Kontrolliere deine Ergebnisse im Lösungsteil.
Male zu jeder Aufgabe nach der Kontrolle die Ampel so an:

- Hier ist alles richtig.
- Ich habe noch einige Fehler gemacht.
- Das übe ich noch einmal.

Verkehrserziehung
Morgen fährt die Klasse 3b auf den Verkehrsübungsplatz. Deshalb haben die Kinder heute schon ihre Fahrräder in die Schule mitgebracht. Gründlich überprüfen sie die Bremsseile. Um bei Gefahr rechtzeitig anhalten zu können, dürfen die Seile nicht locker sein. Gibt es bei allen Rädern eine Klingel, Speichenstrahler, Katzenaugen? Funktioniert die Beleuchtung? Bei Dunkelheit kann es sonst gefährlich werden. In den letzten Tagen haben die Kinder geübt, wie man richtig Handzeichen gibt und welche Verkehrszeichen für Fahrradfahrer wichtig sind. Jedes Kind braucht einen Helm. Aber nicht nur jedes Kind. Auch die Lehrerin trägt beim Radausflug einen Helm. „Sicherheit geht vor Schönheit!", lacht die Polizistin.

1 Beantworte die Fragen. Kreuze an.

Warum haben die Kinder heute ihre Fahrräder mit in die Schule gebracht?

- [ ] Sie wollen morgen einen Ausflug machen.
- [ ] Sie wollen morgen auf den Verkehrsübungsplatz fahren.
- [ ] Sie wollen morgen ihre Fahrräder reparieren.

Was muss an einem Fahrrad alles überprüft werden, damit es sicher ist?

....

....

Was haben die Kinder bisher schon geübt?

☐ wichtige Verkehrszeichen kennen

☐ Reifen flicken

☐ Helm aufsetzen

☐ Handzeichen geben

Was findet die Polizistin wichtiger?

☐ Sicherheit ☐ Schönheit

> siehe Seite 98

2 Bilde mit den Wortbausteinen **ung**, **heit** und **keit** Nomen. Schreibe sie auf.

erziehen	....	dunkel	....
sicher	....	beleuchten	....
heiter	....	flüssig	....
schön	....	überprüfen	....

> siehe Seite 10

3 Verbinde die Nomen mit dem verwandten Adjektiv. Kreise die nachgestellten Wortbausteine **ig**, **lich** und **isch** ein.

die Stunde	täglich
die Gefahr	durstig
der Kampf	stündlich
der Tag	gefährlich
der Durst	kämpferisch

> siehe Seite 20

4 Verbinde die Satzteile richtig miteinander.

Ein gut passender Helm

Bei Dunkelheit brauchst du

Die Bremsseile müssen straff sein,

Die wichtigsten Verkehrszeichen

Wenn der Sattel die richtige Höhe hat,

damit du rechtzeitig halten kannst.

muss jeder kennen.

schützt dich bei einem Unfall.

fährst du gut und sicher.

eine funktionierende Beleuchtung.

> siehe Seite 88

5 Ergänze die Tabelle.

Grundform	Gegenwart	Vergangenheit
	ich	ich bremste
	sie trägt	
	du übst	du
fahren	er	er

> siehe Seite 23

6 Welche Verlängerungsprobe wendest du bei Nomen, Adjektiven oder Verben an? Benenne sie und schreibe die entsprechende Form dahinter.

das Kind ....

sie trägt ....

lieb ....

> siehe Seite 38, 39

7 Markiere den Wortstamm und ergänze die Grundform des Verbs.

sie trägt	wir tragen	sie trugen	
er hält	ihr haltet	sie hielt	
es fährt	wir fuhren	ich fahre	

> siehe Seite 25

8 Bestimme die Satzglieder Subjekt, Prädikat und Satzergänzung. Unterstreiche sie unterschiedlich.

Die Beleuchtung funktioniert.

Die Kinder überprüfen die Bremsseile.

Trägt der Junge einen Fahrradhelm?

> siehe Seite 30–32

9 Trenne die Wörter ab. Schreibe die Sätze richtig auf. Denke an die richtige Schreibweise.

DIEKINDERPRÜFENDIEKLINGELUNDDIEBELEUCHTUNG.

....

....

DIELEHRERINUNDDIEPOLIZISTINHELFENIHNENDABEI.

....

....

AUCHDIELEHRERINTRÄGTEINENHELM.

....

....

> siehe Seite 89

10 Schreibe mit Satzzeichen auf.

Fahrrad | braucht | sicheres | gute | ein | Bremsen

....

Beleuchtung | werden | muss | die | geprüft | regelmäßig

....

....

> siehe Seite 28

11 Setze die richtigen Wörter in die Lücken ein.

Vor dem Besuch auf dem Verkehrsübungsplatz müssen die

Kinder ihre Fahrräder genau ....

Sie achten besonders darauf, ob die Beleuchtung

....

Sonst kann es vor allem bei Dunkelheit .... werden.

Die Kinder müssen aber auch die wichtigen ....

.... kennen und natürlich einen

.... tragen.

Helm | funktioniert | gefährlich

überprüfen | Verkehrszeichen

> siehe Seite 92

12 Welches Wort passt nicht in die Gruppe? Streiche es durch.

üben einüben trainieren trödeln wiederholen sich einprägen büffeln

gründlich genau sorgfältig heimlich gewissenhaft ordentlich pingelig haargenau

der Unfall das Missgeschick das Unglück der Zufall die Panne die Katastrophe

gefährlich bedrohlich riskant abenteuerlich gewagt geheim unsicher bedenklich

> siehe Seite 67

13 In jedem Satz sind zwei Wörter falsch geschrieben. Sie sind durchgestrichen. Schreibe sie richtig in die Zeile darunter. Begründe deine Berichtigung.

Bei ~~dunkelheit~~ ist eine nicht funktionierende

....

Beleuchtung ~~gefehrlich~~.

....

Die ~~Lehrerinen~~ tragen beim

....

~~Ratausflug~~ einen Helm.

....

> siehe Seite 34, 35, 38, 50

Fachbegriffe

Selbstlaut	Vokal	a, e, i, o, u
Mitlaut	Konsonant	b, c, d, f ...
Umlaut		ä, ö, ü
Doppellaut		ei, ai, au, äu, eu

Namenwort	Nomen, Substantiv	Übung
Begleiter	Artikel	die, eine
Einzahl	Singular	die Übung
Mehrzahl	Plural	die Übungen
Fürwort	Pronomen	sie, ihr
Tuwort, Tunwort	Verb	
Grundform		turnen
Personalform		ich turne, du turnst ...
Gegenwart		er turnt
Vergangenheit		er turnte, er hat geturnt
Zukunft		er wird turnen
Wiewort	Adjektiv	schwierig
Verhältniswort		auf, an, in ...
Bindewort		und, oder, obwohl ...

Satzgegenstand	Subjekt	Der Sportler
Satzkern	Prädikat	macht
Satzergänzung		die Übung

Sprache untersuchen

Seite 8 1

Saggo bekommt ein Paket.
Der Hund gehört Saggo.
Ed und Saggo haben eine gute Idee.
Der Streit mit Ed macht Saggo traurig.
Saggo bewundert den Mut seines Freundes.
Die Angst saß Saggo im Nacken.
Ed gießt den Kaktus.
Ed bekommt einen Schreck.
Die Aufregung der beiden war riesengroß.

Seite 9 2

ALARM
AMSELN SINGEN BESONDERS GERNE. AM ABEND SITZEN SIE OFT AUF HOHEN BÄUMEN ODER AUF DÄCHERN UND ZWITSCHERN DIE SCHÖNSTEN LIEDER. ABER WEHE, WENN SIE JUNGE HABEN. DANN GEHT DER LÄRM LOS. DIE AUFGEREGTEN AMSELELTERN VERTEIDIGEN GEMEINSAM IHRE BRUT GEGEN ALLE FEINDE. WENN DIE JUNGEN FLÜGGE SIND, VERLASSEN AUCH DIE ELTERN DAS NEST UND ES KEHRT WIEDER RUHE EIN.

Seite 9 3

der Baum	– die Bäume	das Obst	–
die Freundin	– die Freundinnen	der Lärm	–
die Amsel	– die Amseln	das Glück	–
die Ruhe	–	das Nest	– die Nester
der Zucker	–	das Lied	– die Lieder
der Tisch	– die Tische	der Mut	–

Mir fällt auf, dass es bei einigen Nomen keine Mehrzahlform gibt.

Seite 9 Extrarunde

Zum Beispiel: die Ferien, die Eltern

Seite 10 1

die Berühmtheit, die Krankheit, die Wahrheit, die Dummheit
die Traurigkeit, die Bitterkeit, die Dankbarkeit, die Sauberkeit
das Wagnis, das Geheimnis, die Finsternis, das Erlebnis
die Erinnerung, die Rechnung, die Heizung, die Wohnung

Seite 11 1

der Nudelauflauf, die Nudelsuppe, das Nudelgericht, das Nudelsieb
der Fahrstil, die Fahrkarte, der Fahrgast, die Fahrbahn
das Hochhaus, der Hochsprung, das Hochwasser

Seite 11 2

Die Gießkanne	– V + N	der Luftballon	– N + N
das Schnellboot	– A + N	die Taucherbrille	– V + N
die Waschmaschine	– V + N	der Buntspecht	– A + N
die Festplatte	– A + N	der Teppichboden	– N + N

Seite 12 1

Du sprichst von dir selbst. – **Ich** bin stark.
Du bittest deinen Nachbar um einen Stift. – Kannst **du** mir einen Stift leihen?
Du bewunderst Flamm. – **Er** hat eine neue Frisur.
Du beobachtest eine Spinne. – **Sie** fängt gerade eine Fliege.
Du tröstest das Baby. – **Es** schreit lauthals.
Du bist stolz auf dich und deine Freundin. – **Wir** sind ein tolles Team.
Du fragst zwei Jungen nach dem Weg. – Wisst **ihr**, wo es langgeht?
Du ärgerst dich über die Mücken. – **Sie** sind lästig.

Seite 12 2

Flamm und Frula sitzen vor dem Fernseher. **Sie** sehen sich ein Fußballspiel an.
Flamm ist aufgeregt. **Er** kann nicht still sitzen. Frula ist cool. **Sie** macht ständig kluge Bemerkungen. Plötzlich ein Foul! **Es** war völlig unnötig! Beim Elfmeter schließlich wird auch Frula nervös. **Sie** hält sich die Augen zu. Hält der Torwart? **Er** hat gehalten. Die Sorgenfresser springen auf. **Sie** tanzen einen Freudentanz.

Seite 13 1

Das ist **ihr** Fußball. Das ist **mein** Malerhut. Das ist **ihr** Schläger. Das ist **seine** Angel. Das ist **sein** Eimer. Das sind **ihre** Schuhe. Das ist **mein** Pinsel. Das ist **sein** Boot. Das ist **ihr** Tischtennisball. Das ist **meine** Staffelei. Das ist **ihr** Tor. Das ist **ihre** Tischtennisplatte.

Lösungen

Seite 14 1

Obwohl **der Elefant** das größte Landtier ist, ist er ein Leisetreter. Die Ohren und Stoßzähne **des** afrikanischen **Elefanten** sind größer als die des indischen. **Dem Elefanten** kann man beibringen, schwere Lasten zu heben. Man nennt **den Elefanten** auch Dickhäuter, obwohl seine Haut sehr empfindlich ist. Es ist ein **Elefant.**

Seite 14 2

Wer ist das größte Landtier? **der Elefant**
Wessen Ohren sind groß? **die Ohren des Elefanten**
Wem kann man etwas beibringen? **dem Elefanten**
Wen nennt man Dickhäuter? **den Elefanten**

Seite 15 Bist du fit?

Zum Beispiel:
die Katze: 1 (oder 3, 4, 6)
Freude: 3 (oder 2, 4, 6)
ein Buch: 3 (oder 1, 4, 6)
die Stühle: 1 (oder 3, 4, 6)
ein Geheimnis: 5 (oder 3, 4, 6)
mein Zeugnis: 5 (oder 1, 3, 4, 6)
die Überraschung: 5 (oder 2, 3, 4, 6)
Gesundheit: 5 (oder 2, 3, 6)
sein Zimmer: 6 (oder 1, 3, 4)
ihr Glück: 2 (oder 3, 6)
das Obst: 1 (oder 3, 6)
mein Freund: 1 (oder 3, 4, 6)
die Bienen: 4 (oder 1, 3, 6)
ihre Hefte: 4 (oder 1, 3, 6)
die Aufregung: 2 (oder 3, 4, 5, 6)
Kinder: 4 (oder 1, 3, 6)
ein Fest: 3 (oder 4, 6)
Fröhlichkeit: 2 (oder 3, 5, 6)
das Mehl: 1 (oder 3, 4, 6)
viele Leute: 4 (oder 1, 3, 6)

Seite 16 1

Vergleiche dein Bild noch einmal mit den Angaben. Hast du alles genau gezeichnet?

Seite 16 2

Schuhe: schmal, neu, groß, eng, weit, alt, sauber, spitz, schmutzig
singen: schrill, rein, schnell, falsch, laut, tief, leise, hoch

Seite 17 1

Die Blindschleiche ist länger als der Regenwurm.
Ein Sturm ist stärker als ein Windhauch.
Der Kirchturm ist so hoch wie das Hochhaus.
Holz ist weicher als Stein.
Der Gepard ist schneller als der Löwe.
Die Zeitung ist dünner als das Buch.

Seite 18 2

Grundstufe	1. Vergleichsstufe	2. Vergleichsstufe
frech	frecher	am frechsten
süß	süßer	am süßesten
schön	schöner	am schönsten
dünn	dünner	am dünnsten
groß	größer	am größten
lieb	lieber	am liebsten
gut	besser	am besten
viel	mehr	am meisten

Seite 18 3

Wer ist am langsamsten? – die Schnecke
Was ist am weichsten? – die Banane
Was ist am lautesten? – der Wasserfall
Was ist am schnellsten? – die Rakete
Wer ist am kleinsten? – die Amsel
Was ist am breitesten? – die Autobahn

Seite 18 Extrarunde

Beides ist gleich schwer und wiegt ein Kilo.

Seite 19 1

der **H**unger – hungr**ig**
der **S**turm – stürm**isch**
der **P**unkt – pünkt**lich**
der **G**rund – gründ**lich**
das **G**elenk – gelenk**ig**
das **G**lück – glück**lich**
der **F**els – fels**ig**
das **Q**uadrat – quadrat**isch**
der **M**ensch – mensch**lich**
das **E**is – eis**ig**
der **T**ag – täg**lich**
der **M**agnet – magnet**isch**

Seite 19 Extrarunde

zum Beispiel: italienisch, französisch, englisch, spanisch …

Seite 20 2

leserlich	kommt von	lesen
kuschelig	kommt von	kuscheln
erfinderisch	kommt von	erfinden
ärgerlich	kommt von	ärgern
spielerisch	kommt von	spielen
weinerlich	kommt von	weinen
klapprig	kommt von	klappern
malerisch	kommt von	malen
wohnlich	kommt von	wohnen
kämpferisch	kommt von	kämpfen
zappelig	kommt von	zappeln
rutschig	kommt von	rutschen
lächerlich	kommt von	lachen

Seite 20 3

einäugig – **N**, fleckig – **N**, sterblich – **V**, beweglich – **V**, väterlich – **N**, zerbrechlich – **V**, klebrig – **V**, kindisch – **N**, salzig – **N**, vergesslich – **V**, kratzig – **V**, neidisch – **N**

Seite 21 1

singen: ich singe, sie singt, ihr singt
spielen: du spielst, wir spielen, ihr spielt
schreiben: ich schreibe, er schreibt, ihr schreibt
klingeln: du klingelst, es klingelt, er klingelt
regnen: es regnet
donnern: es donnert
gehen: du gehst, sie geht, wir gehen

Seite 21 2

Aylin kommt heute in die neue Klasse. Sie kennt noch niemanden. Die Kinder gucken neugierig. Sie begrüßen ihre neue Mitschülerin mit ihrem Klassenrap. Ich zeige Aylin ihren Platz. Dort liegen schon ihre Schulbücher. In der Pause rufen alle durcheinander: „ Spielst du mit?“

Seite 22 1

A ☐
B ☐
C ☒

Seite 23 2

Gegenwart: Im Augenblick: Ich bade im Fluss. Jetzt gerade: Sie fährt weg.

Vergangenheit: Vor langer Zeit: Columbus entdeckte die neue Welt. Letzte Woche: Oma besuchte uns. Damals: Ich las Comics.

Zukunft: Bald: Die Ferien werden beginnen. Demnächst: Meine Freunde werden kommen. Übermorgen: Ich werde ins Kino gehen.

Seite 24 1

Ich spiel e.
Du spiel st.
Wir spiel en.
Ihr spiel t.

Der Fußballer spiel t Fußball
Die Sportlerin spiel t.
Das Mädchen spiel t.
Die Sorgenfresser spiel en mit.
Spiel st du mit?
Er spiel t.

Seite 24 2

Ich lach-e. Bill lach-t. Die Zuschauer lach-en. Biff lach-t laut. Warum lach-st du? Wir lach-ten über den Witz. Lach-t doch mal wieder! Frula lach-t mich an.

Seite 25 3

fahren, **schlaf**en, **find**en, **seh**en, **werf**en, **fall**en, **lauf**en, **geb**en, **trag**en

Lösungen

Seite 25 4

ich schl**a**fe, sie schl**ie**fen, du schl**ä**fst
er r**u**ft, wir r**ie**fen, du r**u**fst
ich h**a**lte, du h**ä**ltst, sie h**ie**lten
wir s**e**hen, er s**ie**ht, sie s**a**hen
du l**äu**fst, wir l**ie**fen, ich l**au**fe

Seite 26 1

Du kannst den Text bei mir abschreiben.
Er muss sich in die Warteliste einschreiben.
Das lass ich mir nicht vorschreiben!
Kannst du mir deine Handynummer aufschreiben?
Ich kann dir den Weg genau beschreiben.
Der Arzt soll dir einen Hustensaft verschreiben.

Seite 26 2

über-leg-en, an-stell-en, weg-geh-en, ein-arbeit-en, auf-zieh-en, aus-lach-en, an-pack-en, ab-schneid-en

Seite 27 Bist du fit?

WOHN-UNG, ER **WOHN**-TE, **SÄUBER**-LICH, **HEIM**-LICH, **KRÄNK**-LICH, **VERSCHWEND**-EN, BE**NEID**-EN, **WOHN**-LICH, **SAUBER**-KEIT, SIE ER**KRANK**-TE, GE**HEIM**-NIS, **FREUD**-IG, **VERSCHWENDER**-ISCH, DU BE**NEID**-EST IHN, VER**HEIMLICH**-EN, ICH **FREU**-E MICH, **VERSCHWEND**-UNG, ER **SÄUBER**-T, **KRANK**-HEIT

Wie viele Nomen hast du gefunden?	5
Wie viele Adjektive hast du gefunden?	6
Wie viele Verben hast du gefunden?	8

Seite 28 1

Frula räumt ihr Haus auf	.	Aussagesatz
Räumt Frula ihr Haus auf	?	Fragesatz
Oh, Frula räumt ihr Haus auf	!	Ausrufesatz
Ist Frulas Haus aufgeräumt	?	Fragesatz
Ich freu mich auf Schnulli	.	Aussagesatz
Schnulli kommt zu Besuch	.	Aussagesatz
Super, Schnulli kommt zu Besuch	!	Ausrufesatz
Wann kommt Schnulli zu Besuch	?	Fragesatz

Seite 28 Extrarunde

Polli, putz dir die Zähne.
Polli, putz dir jetzt endlich die Zähne!

Seite 29 1

Bill schlägt vor: „Lass uns zum Bolzplatz gehen."
„Ja, das ist eine gute Idee", antwortet Betti.
„Ich hole schnell einen Ball", ruft Betti, „damit wir gleich losfahren können."
„Wann willst du wieder zu Hause sein?", fragt Bill.
„Ziemlich früh", erklärt Betti, „weil ich noch Gummitwist spielen will."
„Dann müssen wir jetzt los!", drängelt Bill.

Seite 29 2

Om fragt: „Wer hat das Tor geschossen?"	✗		
„Ich habe gewonnen", freut sich Gump.			✗
„Pass auf!", ruft Polli.			✗
„Ich finde", sagte Biff, „Kinder brauchen mehr Rechte!"		✗	
Sepp erzählt: „Gestern flog uns ein Vogel zu."	✗		
„Gib mir mein Gute-Nacht-Fläschchen", bettelt Betti, „damit ich einschlafen kann."		✗	

Seite 30 1

Enno	schläft.	Schnulli	isst.
Ed	angelt.	Polli	tanzt.
Bill	fliegt.	Rumpel	malt.
Flint	springt.	Om	fängt Schmetterlinge.

Seite 31 2

Enno	schläft	.	Schnulli	isst	.
Ed	angelt	.	Polli	tanzt	.
Bill	fliegt	.	Rumpel	malt	.
Flint	springt	.	Om	fängt Schmetterlinge	.

Seite 31 3

Das Baby	weint	.	Ich	träume	.
Der Torwart	hält	.	Sie	lesen	.
Biff	schaukelt	.	Der Winter	kommt	.
Meine Oma	kocht	.	Gump	hat gespielt	.
Eltern	nerven	.	Alle	frieren	.
Es	regnet	.	Er	schlief ein	.

Seite 32 1

Die Löwin reißt eine Gazelle.
Der Storch fängt einen Frosch.
Das Kätzchen schlabbert seine Milch.
Die Schlange erwürgt ein Kaninchen.
Der Maulwurf frisst einen Regenwurm.
Die Katze fängt eine Maus.
Der Hund zerbeißt einen Knochen.

Seite 32 2

40 000 Menschen schauen dem Fußballspiel zu. Die Fans vertrauen ihrer Mannschaft. Der Linienrichter hilft dem Schiedsrichter. Der Stürmer entwischt dem Verteidiger. Der Trainer ruft dem Kapitän etwas zu. Der Reporter traut seinen Augen nicht. Der Trainer dankt den Spielern. Der Präsident gratuliert den Gewinnern. Der Pokal gehört der besseren Mannschaft.

Seite 33 Bist du fit?

Biff schwimmt.
Om und Ed tauchen.
Vater kocht Lasagne.
Der Bademeister pfeift.
Ich lese ein Buch.
Meine Freundin füttert die Enten.
Sie spielt einen Walzer.
Die Kappe gehört meinem großen Bruder.
Der Hund gehorcht seinem Herrchen.
Die Mannschaft feiert den Pokalsieg.

zum Beispiel: Ich schenke meiner Freundin ein Bild.

Richtig schreiben

Seite 34 1

Heizung	**Merkmal**	Wortbaustein: ung
Polli	**Merkmal**	Eigenname
viele Bäume	**Merkmal**	Mehrzahl
eine Maus	**Merkmal**	unbestimmter Artikel
Krankheit	**Merkmal**	Wortbaustein: heit
Müdigkeit	**Merkmal**	Wortbaustein: keit
der Polizist	**Merkmal**	bestimmter Artikel
Frankfurt	**Merkmal**	Eigenname

Seite 34 Extrarunde

Städtenamen werden ohne Artikel verwendet.

Seite 35 1

das Geständ	nis		das Zeug	nis	
die Geständ	nis	se	die Zeug	nis	se
das Erleb	nis		das Hinder	nis	
die Erleb	nis	se	die Hinder	nis	se
das Gefäng	nis		das Bedürf	nis	
die Gefäng	nis	se	die Bedürf	nis	se
das Verzeich	nis		das Geheim	nis	
die Verzeich	nis	se	die Geheim	nis	se

Seite 35 2

der Arzt	die Ärztin	die Ärztinnen
der Pilot	die Pilotin	die Pilotinnen
der Lehrer	die Lehrerin	die Lehrerinnen
der Gärtner	die Gärtnerin	die Gärtnerinnen
der Manager	die Managerin	die Managerinnen
der Kanzler	die Kanzlerin	die Kanzlerinnen

Seite 36 1

Liebe **F**rau **L**enz,
gestern waren wir mit der **K**lasse auf dem **B**auernhof. **L**eider mussten wir ohne **S**ie fahren. **E**s war aber trotzdem ganz toll. **D**ie **K**uh **B**erta hatte vorgestern **Z**willinge geboren. **D**ie **A**ufregung können **S**ie sich gar nicht vorstellen! **W**ir durften die **K**älbchen ansehen. **L**eise schlichen wir in den **S**tall. **W**ir streichelten sie vorsichtig. **I**hre **N**asen waren ganz weich. **W**ir nannten sie **M**ax und **M**oritz. **B**auer **M**aier gab den **B**abys **M**ilch aus einer **N**uckelflasche.
Wir wünschen **I**hnen gute **B**esserung.
Viele **G**rüße, **I**hre **K**lasse 3b

Seite 36 Extrarunde

zum Beispiel: ihr/Ihr, euer/Euer

Seite 37 Bist du fit?

Verkauft
Heute ist **F**lohmarkt. **V**iele **L**eute verkaufen **B**ücher, **S**piele und **K**leidung. **A**uch **B**etti und **B**ill haben einen **S**tand aufgebaut. **D**ie **G**eschwister stehen den ganzen

Lösungen

Nachmittag am **S**tand. **A**llmählich drücken **B**ettis neue **S**chuhe. **S**ie zieht sie aus und stellt sie neben den **S**tand. **S**ie hat **D**urst und **H**unger. **A**uf einer **B**ank isst sie ein **B**rot. **S**ie kommt zurück und sucht ihre **S**chuhe. **O**h, so eine **G**emeinheit! **B**ill hat ihre **S**chuhe verkauft. **J**etzt muss sie mit **M**amas alten **S**andalen nach **H**ause gehen.

Fehler 1 →	**A**	Fehler 5 →	**D**
Fehler 2 →	**D**	Fehler 6 →	**D**
Fehler 3 →	**D**	Fehler 7 →	**D**
Fehler 4 →	**C**	Fehler 8 →	**A**

Seite 38 1

der Zwerg →	die Zwerg	ge	blond →	blond	der
die Burg →	die Bur	gen	wild →	wil	der
das Rad →	die Rä	der	klug →	klü	ger
der Korb →	die Kör	be	schräg →	schrä	ger
der Dieb →	die Die	be	lieb →	lie	ber
das Lied →	die Lie	der	fremd →	frem	der

Seite 39 1

du schreibst – schreiben – b
sie steigt – steigen – g
sie band – binden – d
er klebt – kleben – b
ich flog – fliegen – g
sie blieb – bleiben – b
er biegt – biegen – g
er lebte – leben – b
du schiebst – schieben – b

Seite 39 2

Er lebt unter der Erde. Er gräbt wie wild lange Gänge. Mit seiner Grabehand schiebt er die Erde zur Seite. Das ist der Maulwurf.

Seite 40 3

die Burg	das Brot
der Schrank	die Hand
der Korb	das Sieb
sie liebt	er fliegt
das Fahrrad	der Hut
sie schreibt	die Bank
der Mund	es stinkt
der Hund	sie gibt

Seite 40 4

scharf –	mild	krank –	gesund
zahm –	wild	böse –	lieb
schwach –	stark	eckig –	rund
früh –	spät	einfarbig –	bunt
warm –	kalt	weich –	hart

Seite 41 1

Training**s**anzug, Mittag**s**pause, Sonntag**s**zeitung, Hemd**s**ärmel, Geburt**s**tag, Gesellschaft**s**spiel, Frühling**s**wetter, Weihnacht**s**baum, Liebling**s**essen, Hochzeit**s**strauß, Nahrung**s**mittel, Advent**s**kranz

Seite 41 2

Geburtstagsfeier, Geburtstagsgäste, Geburtstagskind, Geburtstagsgeschenk, Geburtstagskuchen
Hochzeitsfeier, Hochzeitskutsche, Hochzeitsgäste, Hochzeitspaar, Hochzeitsreise, Hochzeitsgeschenk, Hochzeitskuchen, Hochzeitstag

Seite 42 1

der A**chs**enbruch, die Hintera**chs**e,
die Dreha**chs**e – die A**chs**e
der Da**chs**bau, der Da**chs**hund,
das Da**chs**weibchen – der Da**chs**
die Waldeide**chs**e, die Eide**chs**eneier,
die Zauneide**chs**e – die E**chs**e
die Lu**chs**augen, der Polarlu**chs**,
ablu**chs**en – der Lu**chs**
die Se**chs**linge, se**chs**unddreißig,
der Se**chs**er – die Se**chs**
die Erwa**chs**enen, aufwa**chs**en, heranwa**chs**en – wa**chs**en
das We**chs**elgeld, die We**chs**elstube, auswe**chs**eln – we**chs**eln
die Teebü**chs**e, die Bü**chs**enmilch,
der Bü**chs**enöffner – die Bü**chs**e
der Horno**chs**e, die O**chs**entour,
der O**chs**enschwanz – der O**chs**e
der Fu**chs**bau, der Fu**chs**schwanz,
der Wüstenfu**chs** – der Fu**chs**

Seite 43 Bist du fit?

wild V | das Kind M | Jörg | er lebte G
er gräbt G | der Korb M | lieb V | die Wand M
klug V | sie schreibt G | mild V | es klebt G
fremd V | das Lied M | schräg V | es steigt G
Jakob | sie tobt G | Ingrid | er lobte G
der Mund M | Gerd | die Hand M | gesund V

Jörg, Jakob, Ingrid, Gerd. Diese Wörter sind Eigennamen.

Seite 44 1

die Ente, der Löwe, der Tiger, der Affe
der Bär, der Hund, die Katze, die Qualle
die Lämmer, die Gänse, der Käfer, der Wal
blöken, fressen, bellen, quaken, schnell, lieb, dick, kurz

Seite 44 2

loben passt nicht, weil das o lang gesprochen wird
grün passt nicht, weil das ü lang gesprochen wird
Hals passt nicht, weil das a kurz gesprochen wird

Seite 45 3

	zwei	zwei gleiche	drei und mehr
Tante	✗		
Schiff		✗	
Löffel		✗	
Fenster			✗
hell		✗	
Dampf			✗
huschen			✗
stopfen	✗		
bellen		✗	
schimpfen			✗
wippen		✗	
stolpern	✗		
klatschen			✗
schütteln			✗

Seite 45 4

Tanne – Pfanne, Teller – Keller, Rüssel – Schüssel, Schwamm – Stamm, Lippe – Wippe, Kessel – Sessel, Scholle – Wolle, Klappe – Mappe, Brille – Grille

Seite 46 1

Auf leisen Pfoten kommt die Kat ze.
Der Tiger hat sehr große Tat ze.
Ich esse gerne Wiener Schnit zel.
Brillengläser muss man put zen.
Sorgenfresser erzählen sich gern Wit ze.
Mit Wasser kann man sprit zen.
Ohne Haare hat man eine Glat ze.
Auf harten Stühlen kann man schlecht sit zen.

Seite 46 2

De**ck**en, stre**ck**en, Schne**ck**en, Ze**ck**en, He**ck**en, we**ck**en
pi**ck**en, stri**ck**en, ni**ck**en, bli**ck**en, ki**ck**en, sti**ck**en
Rü**ck**en, drü**ck**en, bü**ck**en, Krü**ck**en, pflü**ck**en, Mü**ck**en

Seite 47 1

oh und **öh:** das Ohr, die Söhne, ohne, wohnen, hohl, der Kohl, die Röhre
eh: nehmen, zehn, mehr, die Lehrerin, der Fehler, ehrlich, der Verkehr
ah und **äh:** die Zahl, ähnlich, kahl, fahren, zahm, die Fahne, die Zähne
uh und **üh:** das Gefühl, das Huhn, die Uhr, führen, der Stuhl, rühren

Lösungen

Seite 48 2

	1. Silbe	2. Silbe	ja	nein	Personalform
stehen	ste	hen	✗		er steht
die Sahne	Sah	ne		✗	
sehen	se	hen	✗		ihr seht
die Ruhe	Ru	he	✗		
die Uhren	Uh	ren		✗	
fehlen	feh	len		✗	du fehlst
die Stühle	Stüh	le		✗	
die Schuhe	Schu	he	✗		
fahren	fah	ren		✗	er fährt
die Fahne	Fah	ne		✗	
wohnen	woh	nen		✗	sie wohnt
nehmen	neh	men		✗	ihr nehmt
drehen	dre	hen	✗		er dreht

Seite 48 Extrarunde

Die anderen Wörter sind: ihnen, ihr, ihre, ihren.

Seite 49 Bist du fit?

packen, der Sturz, der Draht, petzen, die Stimme, stampfen, drehen, die Bahn, die Kerze, dehnen, die Klingel, fallen, fühlen, der Klotz, flehen, das Fenster, stumpf, der Stuhl, das Fahrrad, flicken, glatt, bremsen, die Kette

Nach dem kurzen Vokal folgen drei Konsonanten. – Fenster (oder stampfen, stumpf)
Nach dem langen Vokal höre ich das silbentrennende **h**. – drehen (oder flehen)
Nach dem kurzen Vokal folgen zwei gleiche Konsonanten. – Stimme (oder fallen, glatt, Kette)
Nach dem kurzen Vokal folgt ein **tz**. – petzen (oder Klotz)
Nach dem kurzen Vokal folgt ein **ck**. – flicken (oder packen)
Das Dehnungs-**h** kann ich nicht hören. Ich muss das Wort auswendig lernen. – Draht (oder Bahn, dehnen, fühlen, Stuhl, Fahrrad)

Seite 50 1

lachen: du **lach**st, **läch**erlich, aus**lach**en, das Ge**läch**ter, **läch**eln, die **Lach**muskeln
kühl: die **Kühl**e, ab**kühl**en, die **Kühl**box, **kühl**er, unter**kühl**t, der **Kühl**schrank
essen: er **aß**, das **Ess**zimmer, der **Ess**tisch, er hat geg**ess**en, **ess**bar, sie **iss**t

Seite 50 Extrarunde

Das Wort **kam** gehört zur Wortfamilie **kommen**.
Das Wort **Sessel** gehört zur Wortfamilie **sitzen**.

Seite 51 1

ab – zum Beispiel: abbremsen, abschließen, abbrechen, abbinden, abknipsen, abfallen, abgehen, absperren, abstellen, abbiegen, abgeben, abblasen, abgießen, abbrennen
weg – zum Beispiel: weglaufen, wegsehen, wegfallen, weggehen, weggucken, wegwerfen, wegsperren, wegtragen, wegwischen, weggeben, wegsetzen, weggießen
aus – zum Beispiel: auslaufen, aussehen, ausbrechen, ausgehen, aussperren, ausspucken, auswischen, ausstellen, ausrechnen, ausblasen, aussetzen

a**bb**rennen, a**bb**rechen, a**bb**inden, a**bb**iegen, a**bb**lasen, a**bb**remsen,
au**ss**chließen, au**ss**ehen, au**ss**perren, au**ss**pucken, au**ss**tellen, au**ss**etzen,
we**gg**ehen, we**gg**ucken, we**gg**eben, we**gg**ießen

Seite 52 1

die italien**isch**e Fahne, die leser**lich**e Schrift, der gift**ig**e Pilz, das glück**lich**e Paar, die maler**isch**e Landschaft, der pünkt**lich**e Bus, der stein**ig**e Weg, das täg**lich**e Training, die kräft**ig**en Beine, der freund**lich**e Sorgenfresser, die säuer**lich**en Trauben

Seite 53 Bist du fit?

aussehen 1
romantisch 5
du fährst 2
weglaufen 3
ausspucken 1
abliefern 4
der Gefährte 2
ausstellen 1
wegsehen 3
traurig 5
abstellen 4
wegwischen 3
absagen 4
friedlich 5
die Fähre 2
aussagen 1

Seite 54 1

Fahrrad		Ferien	
Reflektor	aufmerksam	Wiese	Erholung
Klingel	Bremse	Sonne	fahren
Sattel	Dynamo	Federball	Federball
Lenker	Fahrradweg	Meer	fliegen
Bremse	flitzen	Wasser	Freunde
Helm	Gegenverkehr	Wetter	Meer
flitzen	Helm	Sand	Muscheln
aufmerksam	Klingel	fliegen	Sand
Dynamo	Lenker	fahren	Sonne
Fahrradweg	Mountainbike	Muscheln	spielen
Mountainbike	Reflektor	Stein	Stein
Gegenverkehr	Sattel	warm	warm
umschauen	Speichen	Freunde	Wasser
vorsichtig	umschauen	spielen	Wetter
Speichen	vorsichtig	Erholung	Wiese

Seite 55 1

vorbei – fahren; hinter – Rad – Bremse; Gift – grün; hoch – Sprung; bunt – Specht; Schnee – Flocke; Kopf – Stein – Pflaster; auf – tragen; Schmetterling – Netz; dunkel – blau; vorüber – ziehen; über – anstrengen

Seite 56 1

die Schätze	finde ich unter	der Schatz
er saß	finde ich unter	sitzen
du verdienst	finde ich unter	verdienen
höher	finde ich unter	hoch
die Hühner	finde ich unter	das Huhn
er liest	finde ich unter	lesen
gegessen	finde ich unter	essen
die Häuser	finde ich unter	das Haus
du ziehst an	finde ich unter	anziehen
die Flöhe	finde ich unter	der Floh
du empfiehlst	finde ich unter	empfehlen

Seite 56 Extrarunde

am besten – gut, am meisten – viel

Seite 57 Bist du fit?

die Ärztinnen, besser, das Computerspiel, sie hat gegessen, himmelblau, die Klasse, klatschen, kleinkariert, das Konzert, er lief, majestätisch, am meisten, nämlich, die Röhren, schließlich, du spielst, telefonieren, vielleicht

Texte schreiben

Seite 58 1

zum Beispiel: Rumpel hilft Bill aufzustehen und lädt ihn zu Kakao und Kuchen ein.

Seite 59 2

2 Erzählschritt: Plötzlich stößt Rumpel ungeschickt gegen den Blumentopf und schiebt ihn aus Versehen von der Fensterbank.
3 Erzählschritt: Der Blumentopf fällt herunter. Bill geht gerade unter dem Fenster vorbei.
1 Erzählschritt: Rumpel will seine Blume gießen, die auf der Fensterbank steht.
4 Erzählschritt zum Beispiel: Rumpel hilft Bill aufzustehen und lädt ihn zu Kakao und Kuchen ein.

Seite 59 3

Wer erlebt etwas? – Bill
Wo spielt die Geschichte? – Auf dem Gehweg vor einem Haus.
Was passiert? – Rumpel will eine Topfpflanze gießen, die auf dem Fensterbrett steht. Dabei fällt der Blumentopf aus dem Fenster und trifft Bill am Kopf, der unter dem Fenster spazieren geht.
Wie endet die Geschichte? – Bill liegt lachend auf dem Boden.

Seite 60 4

„Ach du liebe Zeit!“, **ruft** Rumpel aufgeregt. Schnell läuft er auf die Straße zu Bill. „Hast du dich verletzt?“, **fragt** er. Bill **beruhigt**: „Alles halb so schlimm. Ich habe nur einen riesigen Schreck bekommen.“ Rumpel **fragt**: „Kann ich dir helfen?“ „Könntest du mir helfen, aufzustehen?“, **bittet** Bill. „Natürlich“, **antwortet** Rumpel. „Und möchtest du vielleicht ein Stück Kuchen und eine Tasse Kakao?“, **ergänzt** er.

Lösungen

Seite 61 5

Wie fühlt sich Bill? Zum Beispiel: Er weiß nicht genau, was passiert ist, und hat einen großen Schreck bekommen. Nach kurzer Zeit kann er aber schon darüber lachen.
Was denkt er? Zum Beispiel: Was war denn das? Irgendetwas ist mir da auf den Kopf gefallen. Da habe ich aber Glück gehabt, dass nichts Schlimmeres passiert ist.
Was ruft er aus? Zum Beispiel: Ach du liebe Zeit! Hoppla! Oh Schreck!

Seite 62 1

Wann und **wo** spielt die Geschichte? – Am Nachmittag, auf dem Weg von vom Schwimmbad nach Hause.
Wer sind die Hauptpersonen? – Biff und Polli, ein Hund.
Was ist geschehen? – Unterwegs sehen Biff und Polli einen großen Hund. Sie haben Angst, an ihm vorbeizugehen. Deshalb verstecken sie sich hinter einem Gartenzaun und warten.
Wie endet die Geschichte? – Nachdem der Hundebesitzer den Hund an die Leine genommen hat, gehen sie nach Hause.

Seite 63 2

Als wir den großen, schwarzen Hund auf dem Gehweg sahen, blieben wir wie angewurzelt stehen. „Sollen wir schnell auf die andere Straßenseite gehen?“, fragte ich Biff ängstlich. „Wir dürfen auf keinen Fall wegrennen“, meinte Biff, „damit er uns nicht verfolgt.“ Unsicher schauten wir uns nach dem Besitzer um, aber er war nirgends zu sehen. „Wenn wir weiterlaufen, müssen wir an dem Hund vorbeigehen und er sieht nicht sehr freundlich aus“, dachte ich verunsichert. Da hatte Biff eine Idee. „Lass uns hier hinter dem Gartentor warten, bis der Hundebesitzer auftaucht.“ Langsam bewegten wir uns in den Garten und schlossen schnell das Tor. Ich war froh, dass wir uns hinter dem Zaun verstecken konnten.

Seite 63 3

Einleitung: Zum Beispiel: In der letzten Woche ging ich nach dem Sportunterricht am Nachmittag mit Tim nach Hause. Wir ließen uns viel Zeit, weil wir die Hausaufgaben schon in der Schule gemacht hatten.
Schluss: Zum Beispiel: Nach ein paar Minuten kam ein älterer Mann. Er rief seinen Hund zu sich und nahm ihn an die Leine. Erst jetzt trauten wir uns wieder auf den Gehweg. Schnell liefen wir nach Hause.

Seite 63 4

Zum Beispiel: Ein Zwischenfall auf dem Schulweg.

Seite 64 1

Zum Beispiel:
Ungeheuer: kleine Augen, drei Finger, spitze Zähne …
Raumanzug: silber, dicht, Helm …
Planet: karg, unbewaldet, hügelig, menschenleer …

Seite 64 2

Was ist der Inhalt deiner Geschichte?
Zum Beispiel: Ausflug mit Raumschiff zu fremden Planeten, Ungeheuer gesichtet, Flucht.
Wann und wo soll die Geschichte beginnen? Zum Beispiel: im Raumschiff, kurz vor der Landung auf Planeten.
Wie soll die Geschichte enden? Zum Beispiel: Flucht zurück ins Raumschiff.

Seite 65 3

Zum Beispiel: beim Zusammentreffen mit den Ungeheuern.

Seite 65 4

Vor einigen Jahren unternahm ich mit meinem Freund einen Weltraumausflug. Eines Tages wollte ich das Raumschiff verlassen und einen **Planeten** betreten. Aufgeregt legte ich meinen silbernen **Raumanzug** an und schwebte langsam aus dem Raumschiff. Um mich herum sah ich nur die felsige Landschaft. Enttäuscht wollte ich schon zurückkehren.
Da sah ich plötzlich hinter einer Bergkuppe zwei grüne Fühler und spürte, dass ich beobachtet wurde. „Soll ich mich dem glänzenden **Ungeheuer** nähern?“, fragte ich mich aufgeregt.
Langsam schwebte ich weiter und sah entsetzt, dass eine riesige Gruppe von grünen Tierungeheuern auf mich zukam. „Sie sehen nicht gerade freundlich aus“, dachte ich beunruhigt. „Ich muss mich in die Raumkapsel retten.“ Verfolgt von den Monstern bewegte ich mich, so schnell ich konnte, zu dem schützenden Raumschiff.

Wir schafften es gerade noch rechtzeitig, mit unserer Kapsel zu starten. Freundlich winkten wir den immer kleiner werdenden grünen Lebewesen zu und verschwanden im Weltall. Noch lange erzählte ich von meinem aufregenden Abenteuer.

Seite 66 1

der Flugplatz, die Abflughalle, der Fluglotse

Seite 67 3

schreiten	beobachten	schlendern	gleiten
schweben	erblicken	düsen	mustern
segeln	(stottern)	(schreien)	flattern
eilen	(stammeln)	schwirren	rasen	humpeln
erspähen	wandern	schleichen	schauen
wahrnehmen	anblicken	(flüstern)	trampeln
bestaunen	anstarren	(erwidern)	stapfen

Wortfeld **fliegen**: gleiten, schweben, düsen, segeln, flattern, schwirren
Wortfeld **gehen**: schreiten, schlendern, eilen, rasen, humpeln, wandern, schleichen, trampeln, stapfen
Wortfeld **sehen**: beobachten, erblicken, mustern, erspähen, schauen, wahrnehmen, anblicken, bestaunen, anstarren

Die umrandeten Verben gehören alle zum Wortfeld **sprechen**.

Seite 68 1

Wir machten am Wochenende einen Ausflug. Wir fuhren schnell mit den Fahrrädern zum Fluss. Wir machten auf der großen Wiese ein Picknick. Wir verteilten den Kuchen und die Getränke. Da kam auch schon die erste Wespe. Da aßen wir alle ganz vorsichtig. Wir tranken nur mit dem Strohhalm. Danach spielten wir mit dem Ball. Danach radelten wir am Abend fröhlich nach Hause.

Seite 68 2

zum Beispiel: Am Wochenende machten wir einen Ausflug. Schnell fuhren wir zum Fluss. Auf der großen Wiese machten wir ein Picknick. Wir verteilten den Kuchen und die Getränke. Da kam auch schon die erste Wespe. Deshalb aßen wir alle ganz vorsichtig und tranken nur mit dem Strohhalm. Anschließend spielten wir mit dem Ball. Am Abend radelten wir fröhlich nach Hause.

Seite 69 Bist du fit?

Am letzten Ferientag war ich mit meinem Bruder im Schwimmbad. Nachdem wir uns umgezogen hatten, rannten wir gleich zum Wasser. Bill wollte sich gleich hineinstürzen.| Doch da passierte es. Auf den nassen Kacheln rutschte er aus und fiel auf seinen Ellenbogen. Er weinte. Der Bademeister kümmerte sich um ihn. Viele Leute schauten zu. Wir mussten wieder nach Hause, weil er am Arm blutete.| Traurig kamen wir zu Hause an. Zum Glück war nichts gebrochen und nach einer Woche konnte Bill schon wieder schwimmen. (A) (B) (C) D E (F) G

Zum Beispiel: Im Schwimmbad

Seite 70 1

kräftig, groß und muskulös B
groß, mit schmalem Brustkorb A
seidiges, langes Haar A
dichtes, glatt anliegendes Fell B
weiße Farbe mit rotbraunen Flächen B
breiter, gewölbter Schädel B
rotbraune Farbe A
schmaler Kopf mit langer Nase A
kurze Schnauze B
große, dreieckige Ohren B
lange, schwere Rute (Schwanz) B
Hängeohren mit Haaren bedeckt A

Seite 70 2

bekannt als Rettungshund B
außerordentliche Geschwindigkeit beim Rennen A
unabhängig und stolz A
guter Orientierungs- und Geruchssinn B
treu und freundlich B

Seite 71 3

zum Beispiel: Der Bernhardiner ist ein kräftiger, großer und muskulöser Hund mit einer schweren Rute. Er hat ein weißes, dichtes Fell mit rotbraunen Flächen. Sein breiter, gewölbter Schädel hat eine kurze Schnauze mit dreieckigen Ohren. Mit seinem guten Orientierungs- und Geruchssinn kann er als Rettungshund eingesetzt werden. Er ist ein treuer und freundlicher Begleiter.

zum Beispiel: Der Afghane ist groß, mit schmalem Brustkorb. Sein langes, rotbraunes Haar bedeckt auch seine Hängeohren. Sein schmaler Kopf hat eine lange Nase. Er ist unabhängig und stolz. Beim Rennen kann er eine außergewöhnliche Geschwindigkeit erlangen.

Lösungen

Seite 71 Extrarunde

Dackel

Seite 72 1

Mann: blonde Haare, ovales Gesicht, männlich, 35 Jahre alt, kräftig, graublaue Augen, Bart, 1,80 m groß
Mädchen: kastanienbraunes Haar, zierlich, 1,20 m groß, Sommersprossen, dunkelbraune Augen, rundes Gesicht, weiblich, 12 Jahre alt

Seite 73 2

Geschlecht	weiblich	männlich
Alter	12 Jahre	35 Jahre
Körperbau	zierlich	kräftig
Gesicht	rund	oval
Haarfarbe	kastanienbraun	blond
Augen	dunkelbraun	graublau
besondere Kennzeichen	Sommersprossen	Bart

Seite 73 3

Mädchen: Kleidung: dunkelblaues Top, geblümter Minirock
Schuhe: türkisfarbene Turnschuhe
Frisur: braunes, gelocktes langes Haar
Mann: Kleidung: hellblaues, kurzärmeliges T-Shirt; beige, knielange Hose mit aufgesetzten Taschen
Schuhe: olivgrüne Turnschuhe
Frisur: blonde, kurz geschnittene Haare

Seite 73 4

Der Dieb rannte blitzschnell an mir vorbei.
Er war riesengroß und schien bärenstark zu sein.
Seine Haare waren rabenschwarz.
Er trug ein Hemd, das himmelblau war.
Vor Schreck war ich kreideweiß.

Seite 74 1

1
Heidelbeeren waschen und mit Küchenpapier trocken tupfen.

2
Mehl und Backpulver mischen und in eine Rührschüssel sieben.

3
Die restlichen Zutaten hinzufügen und mit einem Handrührgerät zu einem glatten Teig verarbeiten.

4
Heidelbeeren vorsichtig unterheben. Den Teig in 12 Muffinsförmchen füllen.

5
Bei 160 °C (Heißluft) etwa 25 Minuten backen.

Seite 75 2

Rührschüssel, Handrührgerät, Sieb, Kochlöffel, Muffinsförmchen, Herd

Seite 75 3

Wasche die Heidelbeeren und tupfe sie mit einem Küchenpapier trocken. Mische Mehl und Backpulver und siebe es in eine Rührschüssel. Füge die restlichen Zutaten hinzu und verarbeite alles mit einem Handrührgerät zu einem glatten Teig. Hebe die Heidelbeeren vorsichtig unter. Fülle den Teig in Muffinsförmchen. Backe die kleinen Kuchen etwa 25 Minuten bei 160 Grad.

Seite 75 4

EL	=	Esslöffel	TL	=	Teelöffel
Pck	=	Packung	°C	=	Grad Celsius
ml	=	Milliliter	l	=	Liter
g	=	Gramm	kg	=	Kilogramm

Seite 76 5

Batiken
Ein weißes T-Shirt zu einer Wurst machen drehen legen.

Paketschnüre fest um diese Rolle
wickeln fädeln geben.
Die Schnüre fest
zumachen verknoten binden.
Zum Schutz der Hände Gummihandschuhe
überziehen anlegen anbringen.
Den Stoff in die Schüssel mit Batikfarbe
werfen geben tauchen.
Erst nach dem Trocknen die Schnüre
aufreißen lösen wegmachen.

Seite 76 6

Batik ist ein Verfahren zum Färben von Stoff, bei dem durch Verwendung von Wachs oder durch Abbinden ein Muster entsteht.

Seite 77 Bist du fit?

☐ Frau Lehr sagt: „Der ziemlich große Mann hatte braune, kurze Haare. Er hat einen Mantel und weiße Schuhe getragen. Ich fand, er sah unfreundlich aus. Auch vom äußeren Eindruck hat er mir überhaupt nicht gefallen. Er war viel zu dick."

☒ Larissa sagt: „Der ungefähr 30-jährige Mann hatte kurzes, kastanienbraunes Haar. Seine Größe schätze ich auf 180 cm. Er hatte eine kräftige Figur und ein breites Gesicht. Seine Augen konnte ich nicht sehen. Sie waren von einer großen, dunklen Sonnenbrille bedeckt. Er trug einen dunkelgrauen, langen Wintermantel und weiße Sportschuhe."

kastanienbraun, dunkelgrau, Sonnenbrille, Wintermantel, Sportschuhe

Seite 78 1

zum Beispiel: Liebe Frula, zu meiner Geburtstagsfeier lade ich Dich/dich herzlich ein. Wir treffen uns am Samstag, den 14. April, um 15 Uhr am Schwimmbad zum Schwimmen. Vergiss Deine/deine Badesachen nicht. Um 19 Uhr werden alle nach Hause gebracht. Ich freue mich auf Dich/dich.

Deine Polli

Seite 79 2

„Hallo, hier ist Frau Schmitt. Könntest du deiner Mutter ausrichten, dass der Englischkurs heute eine Stunde früher beginnt, weil ich noch einen anderen Termin habe, also schon um 18 Uhr? Außerdem soll sie heute ausnahmsweise ihr Wörterbuch mitbringen, wir brauchen es dringend. Wenn deine Mutter noch bitte Frau Lenz Bescheid geben könnte, dann brauche ich nicht überall anzurufen.
Vielen Dank! Und vergiss nicht, es ihr zu sagen!
Tschüss."

Seite 79 3

zum Beispiel:
Hallo Mama,
um 15 Uhr hat Frau Schmitt angerufen. Der Englischkurs beginnt heute schon um 18 Uhr. Du sollst dein Wörterbuch mitbringen und bitte noch Frau Lenz Bescheid geben.
Gruß Felix

Seite 80 4

3 an meinem Ferienort gefällt es mir sehr gut.
7 Liebe Grüße
2 Hallo Tine,
5 Anschließend reiten wir über die Felder aus.
1 5.7.2014
4 Wir stehen schon früh auf und helfen im Stall.
8 Deine Anke
6 Ich freue mich, Dich bald wiederzusehen.

Reiterhof

Seite 80 5

Tine Laubershein
Bergstraße 15
63458 Neuburg

Seite 81 Bist du fit?

Hallo liebe Freunde!
Kommt alle zu unserer lustigen Aufführung
„Sommerkonzert der Sorgenlos-Band"!
Um 16 Uhr geht auf dem Marktplatz die Post ab.
Wir haben fleißig geübt.
Jetzt freuen wir uns auf viele Zuschauer.
Eure Sorgenlos-Band

Datum, Dauer der Veranstaltung

Lösungen

Lesen

Seite 82 1

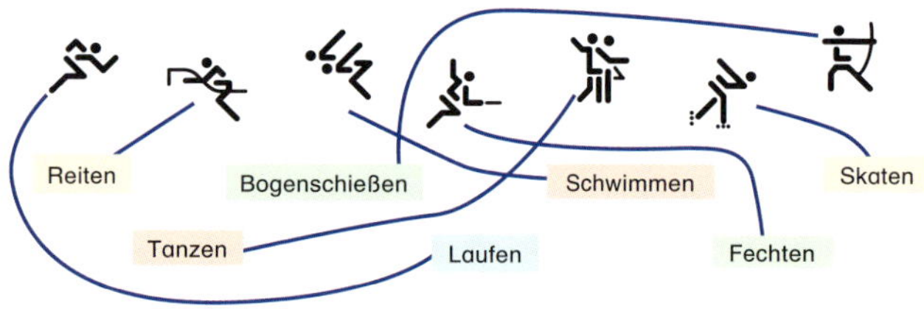

Seite 82 2

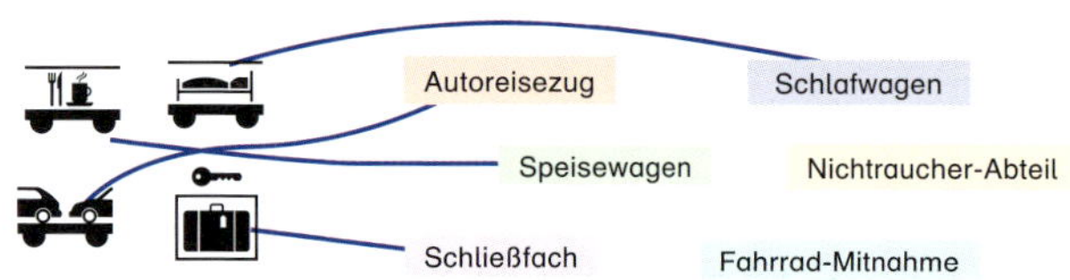

Seite 83 1

Welche Klasse hat die meisten Tiere? 3c
Welche Tiere sind in dieser Schule am beliebtesten? Hunde
Wie viele Kinder haben einen Hund? 9 Kinder
Von welchen Tierarten gibt es gleich viele? Vögel und Meerschweinchen

Seite 83 2

☒ ja ☐ nein

Seite 84 1

Nimm ein Stück Stoff und eine Schere.
Schneide den Stoff möglichst rund aus.
Als Füllung kannst du Sand, Reis oder etwas Ähnliches benutzen.
Mit einem Band musst du nun den Stoff fest zubinden.
Jetzt kannst du noch viele bunte Bänder daran befestigen.
Viel Spaß beim Spielen!

Seite 85 Bist du fit?

- die beliebteste Sportart in jeder Klasse: Fußball
- die am zweithäufigsten genannte Sportart in jeder Klasse: 3a Leichtathletik, 3b Ballett, 3c Schwimmen
- die Klasse, in der die meisten verschiedenen Sportarten ausgeübt werden: 3b
- die Sportart, die von den wenigsten Kindern betrieben wird, mit einem **X**: Basketball
- die Klasse, in der kein Kind Basketball spielt, mit einem **0**: 3c.

Seite 86 1

Seite 87 2

Im Eisbecher sind vier Kugeln Eis.
Saggo streicht das Klettergerüst blau an.
Ed spielt auf einer Trompete.
Enno bietet Ernst seine Hilfe an.
Die Sorgenfresser spielen auf dem Weg Fußball.

Seite 88 3

1 Heute wollen Frula und Polli ins Schwimmbad gehen.
5 Nun kann es endlich losgehen.
4 Danach verabschieden sie sich von den anderen und steigen auf ihre Fahrräder.
3 Dann holen sie sich noch Sonnencreme und Geld für den Eintritt.
2 Zuerst packen sie ihre Badesachen ein.

Seite 88 4

Sonnencreme, Kappe und Kleidung schützen dich vor zu viel Sonne.
Vermeide unbedingt einen Sonnenbrand, weil deine Haut davon krank werden kann.
Direkt vor dem Baden und Schwimmen solltest du nicht viel essen.
Du musst dich nach dem Schwimmen immer wieder eincremen.
Wenn du diese Baderegeln befolgst, kannst du den Ausflug ins Schwimmbad genießen.

Seite 89 Bist du fit?

In|unserer|~~Kasse~~|Klasse|treiben|viele|Kinder|Sport.
Fast|alle|Jungen|spielen|~~spülen~~|gerne|Fußball.
Bei|den|Mädchen|ist|Schwimmen|die|~~beleibteste~~|beliebteste|Sportart.
Manche|Sportarten|~~Sportkarten~~|mögen|nur|ganz|wenige|Kinder.
Volleyball|und|Völkerball|spielen|in|der|Schule|alle|~~alte~~|gleich|gern.
Leichtathletik|wird|von|den|Mädchen|und|Jungen|gerne|~~gebracht~~|gemacht.

richtig	falsch
Klasse	Kasse
spielen	spülen
beliebteste	beleibteste
Sportarten	Sportkarten
alle	alte
gemacht	gebracht

Seite 90 1

	Viktor	Murat
Er interessiert sich nicht besonders für Sport.		✗
Er ist eine Leseratte.		✗
Er ist körperlich gut trainiert.	✗	
Ihm gefällt es, zu basteln.		✗

Seite 90 2

	Viktor	Murat
Ein Buch über Kraken und Seeigel		✗
Eine Eintrittskarte für einen Triathlon-Wettkampf	✗	
Das Buch „Kommissar Schnüffelnase weiß Bescheid“	✗	

Seite 91 3

Zu welcher Gruppe gehören Fledermäuse? Säugetiere
Wann schlafen Fledermäuse? am Tag
Was fressen Fledermäuse gern? Mäuse und Käfer
Wie viele Fledermausarten ernähren sich von Blut? wenige
Womit orientieren sich Fledermäuse? mit Ultraschall
Warum können Menschen die Fledermausgeräusche nicht hören? Menschen können Ultraschall nicht hören
Wie schlafen die Fledermäuse? kopfüber

Seite 92 1

In der Fabrik wird das kleingehäckselte Papier zuerst mit Wasser vermischt. So erhält man einen zähen Brei. Dann wäscht man die Farbe heraus und entfernt noch vorhandene Fremdkörper. Der Brei wird nun mit Wasser verdünnt und muss nur noch getrocknet werden.

Seite 93 2

Vergleiche dein Bild noch einmal mit dem Text. Hast du alles genau angemalt und dazugezeichnet?

Seite 94 1

Zwei Jungen und drei Mädchen basteln.
Das Mädchen mit dem rosa Kleid schneidet in ein blaues Papier.
Ein Kind am Tisch hat schwarze Locken.
Die Lehrerin schaut den beiden Jungen zu.
An der Wand hängt ein Bild von einem Löwen.
Auf dem Tisch liegt eine Zeitung.
Das Kind mit der blauen Schere hat kurze Haare.

Seite 94 2

Malen die Kinder mit Wasserfarben? nein
Steht ein blaues Farbtöpfchen auf dem Tisch? ja
Schneidet ein Mädchen mit der linken Hand? nein

Seite 95 3

Woraus besteht eigentlich ein blauer Fleck? aus ausgelaufenem Blut neben einer Ader
Warum kann am Kopf eine Beule entstehen? weil ausgelaufenes Blut dort wenig Platz hat
Was bewirkt etwas Kaltes auf einer Beule? sie tut nicht so weh und wird nicht so groß
Warum blutet man bei einer Verletzung? damit der Schmutz aus der Wunde gespült wird

Seite 96 1

richtige Reihenfolge der Textabschnitte:

1. Zuerst …
2. Nun verbringen …
3. Sobald die Larven …
4. Danach schlüpft …
5. Am Schluss …

Lösungen

Seite 97 Bist du fit?

Aliki: Hockeyschläger, Hockeyball, Schienbeinschützer, Sportschuhe
Selina: Schläger, Tennisball, Schweißbänder, Stirnband, Sportschuhe

Was bekommt zwei Farben? Sportschuhe

Seite 98 1

Wie lange dauert es, bis die Fäden der Spinne fest werden? Sie werden bei Berührung mit Luft fest.
Warum bleibt die Spinne nicht an ihrem Netz kleben? weil sie genau weiß, wo es klebrig ist und wo nicht
Wie stabil sind die Spinnenfäden? so fest wie ein Stahldraht

Seite 99 2

Was hat Om vergessen? **seinen Rucksack**
Wie lange sind die Sorgenfresser schon unterwegs? **10 Minuten**
Wer hilft? **Betti**
Wohin rennt Betti? **zurück**
Warum rennt Betti zurück? **um Oms Rucksack zu holen**

Seite 99 3

kleinlaut: verlegen
ungläubig: man kann es fast nicht glauben

Seite 100 1

traurig	☒	ärgerlich	☒
froh	☐	stolz	☐
wütend	☒	gelangweilt	☐

Seite 100 2

freundlich böse (ungerecht) höflich

Seite 101 3

☐ Weil sie Cem und Nazife am liebsten hat.
☒ Weil Cem und Nazife mehr Hilfe brauchen als die anderen.
☐ Weil sie Cem und Nazife zeigen will, dass sie noch viel lernen müssen.

Seite 101 4

Die Lehrerin will Cem und Nazife ...	stimmt	stimmt vielleicht	stimmt nicht
... zeigen, dass sie sie gern hat.		✗	
... beweisen, dass sie zu wenig können.			✗
... helfen, Freunde zu finden.		✗	
... bei den Aufgaben helfen.	✗		
... zum Sprechen ermuntern.	✗		
... lächerlich machen.			✗

Seite 102 6

☐ David kann Marius nicht leiden.
☒ Er will entscheiden können, mit wem er spielt und mit wem nicht.
☒ Er findet Marius' Art, immer dazuzukommen, einfach nur unangenehm.
☐ Er will der Chef sein.

☒ Marius will, dass alle zusammen spielen.
☒ Er will David zeigen, dass der nichts zu bestimmen hat.
☐ Er will David bei der Lehrerin anschwärzen.
☐ Er bewundert David und will unbedingt mit ihm zusammen sein.

Seite 103 Bist du fit?

Jakob springt <u>fröhlich</u> in der Wohnung herum. Gerade ist seine Oma angekommen und <u>die liebt er sehr</u>. Er besucht sie auch gerne. Am meisten <u>mag er es</u>, wenn er den alten Hund Dobbie ausführen darf. Dann spaziert er ganz stolz mit ihm durch die Gegend.
„Oma, ich gehe jetzt jede Woche zum Turnen, das macht mir total viel <u>Spaß</u>!", erzählt er <u>fröhlich</u>. Oma fragt: „Ich dachte, alle Jungen spielen Fußball?"
„Nein", ruft Jakob, „nicht alle! Ich kann Fußball <u>nicht leiden</u>."
„Und was gefällt dir noch außer Turnen?", will die Oma wissen. „Inliner fahren", erklärt Jakob. „Aber dann finde ich <u>doof</u>, dass ich noch nicht viele Tricks kann.
Und die großen Kinder auf dem Schulhof machen sich dann immer über mich lustig. Das <u>ärgert mich</u>!"
„Sind die Großen denn die ganze Zeit unfreundlich zu dir? Willst du lieber woanders Inliner fahren?", fragt Oma. „Nein, oft sind sie auch sehr nett! Manchmal loben sie mich, wenn ich etwas gut gemacht habe. Dann <u>freue ich mich</u> und bin auch ein bisschen <u>stolz</u>."
„Das kannst du auch ruhig sein", lacht Oma und streicht ihm über den Kopf.

Seite 104 1

☐ Sie wollen morgen einen Ausflug machen.
☒ Sie wollen morgen auf den Verkehrsübungsplatz fahren.
☐ Sie wollen morgen ihre Fahrräder reparieren.

Bremse, Klingel, Speichenstrahler, Katzenaugen, Beleuchtung

Was haben die Kinder bisher schon geübt?
☒ wichtige Verkehrszeichen kennen
☐ Reifen flicken
☐ Helm aufsetzen
☒ Handzeichen geben

Was findet die Polizistin wichtiger?
☒ Sicherheit ☐ Schönheit

Seite 105 2

erziehen Erziehung
sicher Sicherheit
heiter Heiterkeit
schön Schönheit
dunkel Dunkelheit
beleuchten Beleuchtung
flüssig Flüssigkeit
überprüfen Überprüfung

Seite 105 3

die Stunde	stündlich
die Gefahr	gefährlich
der Kampf	kämpferisch
der Tag	täglich
der Durst	durstig

Seite 106 4

Ein gut passender Helm	schützt dich bei einem Unfall.
Bei Dunkelheit brauchst du	eine funktionierende Beleuchtung.
Die Bremsseile müssen straff sein,	damit du rechtzeitig halten kannst.
Die wichtigsten Verkehrszeichen	muss jeder kennen.
Wenn der Sattel die richtige Höhe hat,	fährst du gut und sicher.

Seite 106 5

Grundform	Gegenwart	Vergangenheit
bremsen	ich bremse	ich bremste
tragen	sie trägt	sie trug
üben	du übst	du übtest
fahren	er fährt	er fuhr

Seite 106 6

das Kind Kinder – Mehrzahl
sie trägt tragen – Grundform
lieb lieber – Vergleichsform

Seite 107 7

sie trägt	wir tragen	sie trugen	tragen
er hält	ihr haltet	sie hielt	halten
es fährt	wir fuhren	ich fahre	fahren

Seite 107 8

Die Beleuchtung funktioniert.
Die Kinder überprüfen die Bremsseile.
Trägt der Junge einen Fahrradhelm?

Seite 107 9

DIE|KINDER|PRÜFEN|DIE|KLINGEL|UND|DIE|BELEUCHTUNG.
Die Kinder prüfen die Klingel und die Beleuchtung.

DIE|LEHRERIN|UND|DIE|POLIZISTIN|HELFEN|IHNEN|DABEI.
Die Lehrerin und die Polizistin helfen ihnen dabei.

AUCH|DIE|LEHRERIN|TRÄGT|EINEN|HELM.
Auch die Lehrerin trägt einen Helm.

Seite 108 10

Ein sicheres Fahrrad braucht gute Bremsen.
Die Beleuchtung muss regelmäßig geprüft werden.

Seite 108 11

Vor dem Besuch auf dem Verkehrsübungsplatz müssen die Kinder ihre Fahrräder genau überprüfen . Sie achten besonders darauf, ob die Beleuchtung funktioniert.

Sonst kann es vor allem bei Dunkelheit gefährlich werden.
Die Kinder müssen aber auch die wichtigen Verkehrszeichen kennen und natürlich einen Helm tragen.

Seite 109 12

üben einüben trainieren ~~trödeln~~ wiederholen sich einprägen büffeln

gründlich genau sorgfältig ~~heimlich~~ gewissenhaft ordentlich pingelig haargenau

der Unfall das Missgeschick das Unglück ~~der Zufall~~ die Panne die Katastrophe

gefährlich bedrohlich riskant abenteuerlich gewagt ~~geheim~~ unsicher bedenklich

Seite 109 13

Bei ~~dunkelheit~~ ist eine nicht funktionierende
Dunkelheit, Nomen werden groß geschrieben
Beleuchtung ~~gefehrlich~~.
gefährlich, kommt von Gefahr
Die ~~Lehrerinen~~ tragen beim
Leherinnen, Wortbaustein „in“ wird in der Mehrzahl zu „innen“
~~Ratausflug~~ einen Helm.
Radausflug, das Rad wird mit d geschrieben: die Räder

GERD HAHNS

SORGENFRESSER®

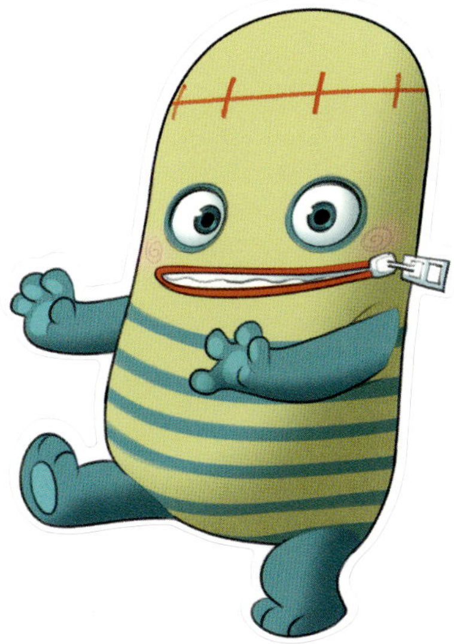

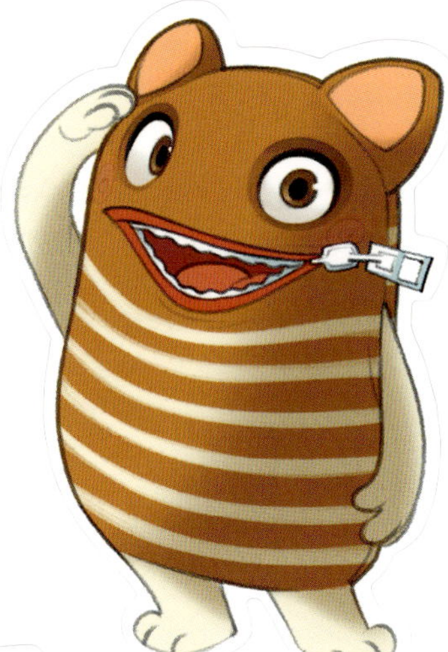